Der Journalist Max Scharnigg beackert zusammen mit seiner Freundin ein Stück Land vor den Toren Münchens. Von den ersten Gehversuchen der beiden Städter als Hobby-Landwirte, von Zuchterfolgen und Missernten berichtet er nun offen, ehrlich und mit einer großen Portion Selbstironie. Ein großartiges Lesevergnügen für alle, die mit dem Gedanken spielen, mal aufs Land zu ziehen, aber – wenn sie ehrlich sind – die Stadt am Ende doch nicht verlassen werden.

Max Scharnigg, Jahrgang 1980, arbeitet als Journalist und Autor in München. Er gehört zur Redaktion von jetzt.de, dem jungen Magazin der Süddeutschen Zeitung, und schreibt unter anderem für Architectural Digest und das SZ-Magazin. 2010 erschien sein Hauptsatz-Buch »Das habe ich jetzt akustisch nicht verstanden«. Sein Romandebüt »Die Besteigung der Eigernordwand unter einer Treppe« erschien 2011 und erhielt mehrere Auszeichnungen.

Weitere Informationen, auch zu E-Book-Ausgaben, finden Sie bei www.fischerverlage.de

Max Scharnigg

Feldversuch

Unser Stück Land
vor den Toren der Stadt

Fischer Taschenbuch Verlag

MIX
Papier aus verantwortungsvollen Quellen
FSC® C014496
FSC www.fsc.org

Veröffentlicht im Fischer Taschenbuch Verlag,
einem Unternehmen der S. Fischer Verlag GmbH,
Frankfurt am Main, April 2012

Satz: Dörlemann Satz, Lemförde
Druck und Bindung: GGP Media GmbH, Pößneck
Printed in Germany
ISBN 978-3-596-18866-6

»Als wir aber nach Hause kamen, lag da für die Prinzessin ein großer Strauß aus Mohrrüben, Petersilie und Sellerie. Der war von Karlchen, denn so liebte er, wenn er liebte.«

Schloß Gripsholm, Kurt Tucholsky

Kleine Auszüge dieses Buches sind bereits auf sueddeutsche.de erschienen. Alles, wovon in diesem Buch berichtet wird, ist genau so oder so ähnlich geschehen. Ähnlichkeiten mit lebenden Personen sind dennoch rein zufällig.

Vorwort

Es fängt also damit an, dass wir an einem Oktobersonntag im Auto sitzen und etwas machen, das sehr viele Münchner in unserem Alter an einem Sonntagnachmittag machen: Wir kehren aus dem Umland in die Stadt zurück. Wie immer angereichert mit Marmorkuchen und einem bunten Strauß mütterlicher Lebenshilfe, denn im Umland leben unsere Eltern und backen bisweilen Marmorkuchen (obwohl sie das im Gegensatz zu unseren Omas gar nicht so gerne machen), damit wir sie am Sonntag besuchen und in unserem alten Kinderzimmer eine Sekunde lang melancholisch werden. Wir leben in der Großstadt, die München wenigstens auf dem Papier darstellt, weil wir uns offiziell noch ein bisschen zu jung für ein Häuschen im Grünen fühlen, und inoffiziell, weil die Bank uns noch ein bisschen zu unglaubwürdig für den Monsterkredit findet, den so ein Häuschen im Umland von München voraussetzen würde. Im Übrigen gibt es hier gar keine Häuschen im Grünen mehr, es gibt nur noch Villen oder Reihenendhäuser oder aber Niedrigenergiehäuser vom Architekten, bei denen ich immer denken muss, man würde in einer Vollkornnudel wohnen, es klingt irgendwie so.

Wir fahren also, und die Sonne geht schon oktoberartig schnell im Rückspiegel unter, als kurz vor Starnberg das liebe Fräulein ein Geräusch macht, das wie »Oooh, daaaa!« klingt. Wir sind lange genug zusammen, dass ich weiß, wie gerne es intern gesehen wird, wenn ich ein solches Geräusch mit einer Vollbremsung beantworte. Der Grund für unseren Stopp ist ein Kürbishaufen, eine orangefarbene Pyramide am Straßenrand, wie sie seit einigen Jahren ab Ende August das hiesige Landschaftsbild prägen. Exakt an der gleichen Stelle, an der an diesem Nachmittag die Kürbisse liegen, gibt es im Frühling ein Häuschen, das Spargel verkauft, und im Juni einen Wagen mit Erdbeeren, der geformt ist wie eine Erdbeere, mit Verkaufstheke und einer Erdbeerfrau dahinter. Ich kenne diese temporären Straßenrandgewerbe, weil das liebe Fräulein neben mir jedes Mal das Geräusch macht, wenn wir sie passieren, egal zu welcher Jahreszeit. Würde im Winter dort ein Iglu stehen, in dem sie erntefrische Eiswürfel anbieten, würden wir die auch kaufen.

Obwohl wir eigentlich dazu erzogen wurden, keine Dinge von der Straße zu essen, haben diese kleinen Stände und Kürbishaufen eine hypnotische Wirkung auf uns, sie machen den Geldbeutel auf und lassen uns bedenkenlos die Rückbank umklappen, um Kürbisse zu stapeln.

Es ist das Versprechen vom regional gewachsenen Gutprodukt, mit dem uns diese Straßenstände bezirzen. Weil unsere Generation gemeinsam wenig mehr zustande gebracht hat als die Bedingung, dass es zu jedem Produkt eine rührselige Geschichte geben muss, bevor wir es kaufen, sind die Straßenerdbeeren und Spargelheinis schwer angesagt. Früher mögen die Menschen zum Bauern gegangen sein, wir gehen zum Straßenstand. Oder natürlich donnerstags von 8–13 Uhr zum Stadtteilmarkt, der funktioniert genauso. Über den jüngsten Dioxinskandal waren wir deswegen auch gar nicht in dem Maße aufgeregt, wie sich das manches Huhn vielleicht gewünscht hätte. Wir mittelalten Mittelgutverdiener kaufen doch ohnehin seit zwei Jahren die Eier vom Eierstand am Markt, weil das unser Lebensgefühl so angenehm billig aufwertet. Ein Skandal, der uns wirklich erschüttern würde, müsste schon aufdecken, dass die handgeschmiedeten Eisenpfannen bei Manufactum gar nicht von blinden bretonischen Mönchen stammen und auch keine dreihundertjährige Tradition haben, sondern dass sie einfach in der Nachtschicht eines polnischen Rüstungsherstellers nebenbei gestanzt wurden. Oder eben, dass die Kürbishaufen rund um Starnberg von Kürbishaufenplantagen aus Südamerika stammen. Tun sie natürlich nicht, es sind allerfeinste oberbayerische Muskatkürbisse, jeder einzelne so schwer wie ein Kindergartenkind, die jetzt im Dämmerlicht so elend pittoresk vor uns liegen. Dass sie auch sonntags zu kaufen sind, gegen jede Ladenschlusshoheit, gibt dem Ganzen noch mehr Reiz. Unsere Eltern haben am Straßenrand voll Abenteuerlust für Hotdogs und Slush-Puppie-Eis gehalten, das liebe

Fräulein und ich machen einen Freudentanz rund um eiskalte Kürbisse, das Stück zu vier Euro.

Nur weil es vielen Menschen in diesen friedlichen Zeiten so geht, dass ein eigenhändig vom Haufen gesammelter Kürbis ein prägendes Ereignis darstellt, konnte es auch passieren, dass die Zubereitung und der Verzehr von Kürbiscremesuppe zu einem wichtigen Ritual dieser Generation wurden. Eltern schenken ihren Kindern, wenn sie flügge werden und sich zum Studieren in eine ICE-Stadt verziehen, am allerliebsten einen Pürierstab, der sein Leben lang nie etwas anderes produzieren wird als Kürbismatsch. Wenn man in der zweiten Jahreshälfte bei jemandem zum Essen eingeladen ist, der eigentlich nicht kochen kann, darf man mit Sicherheit davon ausgehen, dass Kürbiscremesuppe serviert wird. Würde man aus den großen Online-Rezeptforen die Variationen für Kürbiscremesuppe entfernen, hätten die meisten ein massives Contentproblem, und nirgends menschelt es mehr als in den Kommentarspalten zu ebendiesen Kürbissuppenrezepten. Wonnige Menschen leckern sich da gegenseitig derart ungeniert voll, dass man schon beim Lesen ein halbes Kilo zunimmt. »Lecker« ist das patentierte Wort zur Kürbissuppe. Sie ist aber auch einfach praktisch: Verleiht ihrem Koch den Anstrich vegetarisch, saisonal und eben regional zu kochen, auch wenn der Hokkaidokürbis, der einzige, den mittlerweile jeder kennt, ja gar nicht besonders regional klingt. Darüber hinaus ist die olle Suppe nur sehr schwer zu verhunzen und sieht bei Tisch in der gesamten IKEA-Geschirrfarbpalette apart aus. Dazu kommt, dass das wiederentdeckte Retro-Naturwunder Kürbis mit seinem organischen Design und der knallorangenen Farbe wirkt, als wäre es direkt aus den siebziger Jahren importiert – ein wichtiges Gutfindargument der letzten fünfzehn Jahre. Dank dieser Vorteile wird in den meisten Fällen über geschmackliche Details des Gekochten hinweggesehen. Der orangefarbene Brei schmeckt eben nach Muskat, Sahne, Kürbisöl oder am häufigsten nach der Instant-Gemüsebrühe, die den Brei zur Suppe befördert hat. Denn so weit, auch die Gemüsebrühe selber zu kochen, geht die Authentizitätssucht am Herd ja dann doch nicht. Außerdem können die Kürbiscremesuppenfanatiker, wie gesagt, meistens gar nicht so richtig kochen.

Das alles ist mir angesichts der Starnberger Kürbispyramide zwar bewusst, aber es schmälert nicht meinen Eifer beim Auswählen der schönsten Boller mit ihrem praktischen natürlichen Henkel. Es funktioniert hier genau wie beim Christbaumkaufen, dem Ritual, das zuverlässig anzeigt, dass man zu den Erwachsenen gehört. Nie kauft man dabei doch den ersten, den man in der Hand hat, auch wenn er objektiv der schönste wäre. Stattdessen muss man das Gefühl haben, man hätte in einer dunklen Ecke oder verborgen hinter zwei unfeinen Exemplaren »seinen« Tannenbaum oder eben Kürbis entdeckt und ans Licht befördert. Erst dann stellt sich dieses befriedigende Gefühl erfolgreicher Schatzsuche ein, dessen Ursprung wohl irgendwo in dem evolutionären Jägersammlerrucksack liegen muss, den wir mit uns herumschleppen. Überbleibsel einer Zeit, in der wir unsere Nahrung am Wegesrand suchten und von Pürierstäben noch nichts wissen wollten.

Rundum angeschickert vom Kürbisglück, fahren das liebe Fräulein und ich weiter und sprechen darüber, wie schön es gerade mit den Kürbissen war und wie klitzebisschen schöner es noch wäre, wenn wir eine eigene Kürbispflanze hätten, die jedes Jahr zuverlässig einen höchst privaten Kürbishaufen erzeugen würde. Einen, den wir nicht mit allen B2-Benutzern teilen müssten.

»Und einen Birnbaum! Ich möcht' bittschön 'nen Birnbaum!«, ruft das liebe Fräulein und bekundet im Anschluss, dass jedes Haus zuallererst einen Birnbaum braucht und danach erst Tür und Schornstein, womit sie so recht hat, dass es mir wehtut. Das kann sie, Dinge aussprechen, die ich auch sehr stark empfinde, die mir aber im richtigen Moment nie einfallen würden.

»Und Frühlingszwiebeln!«, rufe ich, um auch etwas zu sagen und um den schönen Moment noch ein wenig zu verlängern. Frühlingszwiebeln finde ich toll, ich weiß nicht genau, warum. Schliemann hatte sein Troja, ich meine Frühlingszwiebeln. Wenn im Supermarkt welche rumliegen, gehe ich gleich hin, zeige drauf und nehme sie mit, auch wenn es der Flughafensupermarkt ist. Obwohl sie nicht gerade legendäre Kochgeschichte geschrieben haben, sind Frühlingszwiebeln für mich das Gemüse schlechthin: grün, frisch, duftend, leicht zu schneiden, nix zu schälen und ganzjährig verfügbar. Im

Herbst heißen sie Lauchzwiebeln, in Österreich junge Zwiebeln, wobei man da dann das Zwiebel wie »Zwievel« ausspricht, was sehr gut passt.

Wir zählen in der nächsten halben Stunde im Auto Pflanzensorten auf, mit denen wir unser restliches Leben verbringen möchten, und hören mit der botanischen Schreierei erst wieder auf, als wir am Luise-Kiesselbach-Platz im Stau stehen. Ringsumher sitzen in ihren fünf Meter langen Autos junge Paare, denen der verflixt hohe Freizeitwert ihrer Stadt ins Gesicht geschrieben steht, manchen auch auf dem Pulli. Genauso wie das liebe Fräulein immer gerne wissen würde, mit wie vielen Bankräubern sie schon U-Bahn gefahren ist, würde ich gerne wissen, wie viele von denen jetzt auch Kürbisse im Kofferraum haben. Einige bestimmt. Aber ob auch welche in den letzten zwanzig Minuten beschlossen haben, einen eigenen Garten zu wollen? Kann ich mir nicht vorstellen. Ich kenne jedenfalls noch niemanden, der in der Stadt einen richtigen Garten hat.

Natürlich haben fast alle einen Balkon, denn »gerne mit Balkon« steht ja nicht von ungefähr bei jeder aussichtslosen Wohnungsannonce dabei. »Junges Paar, beide angehende Lehrer, sucht bezahlbare 3-Zimmer-Altbau-Whg., am liebsten in Haidhausen, Lehel, Glockenbachviertel, Westend. Alles anbieten! Kein Makler, supergerne mit Balkon.« Viele Ampelmasten in der Stadt tragen diesen frommen Wunsch. Der Balkon ist allen so wichtig, weil die Stadt nun mal ein grundlegendes Problem hat: Sie ist nicht auf dem Land. Die Menschen wohnen meistens in acht Meter Höhe über dem asphaltierten Erdboden und können nicht einfach in den Vorgarten steppen, wenn mal kurz die Sonne scheint. Ohne Balkon ist deswegen jede Frischluftakquise aufwendig. Man muss in einen Park gehen oder zumindest um den Block flanieren, was wiederum bedeutet, dass man erst mal annähernd nach den Regeln des Abendlandes gekleidet, frisiert sein und den Schlüssel finden sollte. Will man richtig Sonne plus Grünanlage, braucht man nicht nur mittlere Expeditionsvorbereitung und eine Einzelfahrkarte beziehungsweise Fahrradpumpe, man muss vor allem wissen, wo eine akzeptable öffentliche Bank steht, wo eine hundefreie Wiese wartet und wo die anderen vierhundertausend balkonlosen Münchner heute hintrampen, um ihnen zu entgehen. Sehr anstrengend. Ein Balkon hingegen kann phantasievollen Menschen ganze Urlaubsreisen ersetzen und trägt in jedem Fall dazu bei, ein kurzes Zwischenhoch gelassener auszunutzen. Selbst wenn man nur nachdenklich in Unterhosen im Türrahmen steht, bekommt man ein Gefühl für die große weite Welt. Außerdem kann man auf einem Balkon Getränke kühlen, Hemden auslüften, brennende Pfannen evakuieren und ja, man kann dort Experimente mit echten, wachsenden Pflanzen machen.

Unser Balkon in Schwabing hat genau die Größe eines Duschhandtuchs. Weil es ein altes Haus ist, das noch aus der Balkonpionierzeit stammt, steht er nicht im flotten Neunziggradwinkel von der Hauswand ab, sondern hat einen deutlichen Überhang Richtung Abgrund, was dazu führt, dass Gäste regelmäßig darauf seekrank werden. Zudem ist die Himmelsrichtung, in die der kleine Außensitz zeigt, die einzige, aus der die Sonne nie scheint, und lotrecht unter uns stehen die Mülltonnen, die sich leider nicht jeden Tag die Zähne putzen. Zählt man diese ganzen Charaktereigenschaften zusammen, muss man zugeben, dass unser Balkon als Balkon nicht viel taugt. Aber als Mitbewohner ist er unschlagbar. Im Laufe der Jahre, die wir mit ihm verbracht haben, haben wir einige Liliputmöbel darauf versammelt, einen Hocker und Kinderstühle, die gerade so auf den Balkon passen und uns das Gefühl geben, wir könnten, wenn wir nur wollten, durchaus mal eine Balkonparty veranstalten. Allerdings könnte dann immer nur einzeln darauf getanzt werden.

Ziemlich bald hat das liebe Fräulein auch angefangen, Blumentöpfe und Hängekästen auf dem abschüssigen Duschhandtuch zu installieren. Trichterwinden und Kapuzinerkresse sorgten gleich im ersten Sommer dafür, dass es von außen aussah wie die Stadtwohnung von Tarzan. Mehrmals mussten wir die Balkontür freischneiden, so stark kletterte und wand sich das Blattzeug. Beflügelt von diesem kleinen Erfolg, pflanzten wir im nächsten Jahr in jeden verfügbaren Topf ein paar Samen aus einer Mischung von Manufactum, die uns als Geschenk unterkam. Vergessene Gemüsesorten sollten sich dahinter verstecken, allesamt mit imponierenden Namen wie Himalaya-Erbse oder Sir-John-Smedley-Rübe. Wir fanden das ziemlich gut: Unser kleiner Balkon als grünende Arche Noah der vergessenen Gemüsesorten, unsere Küche ein Versuchslabor für wiederentdeckte Köstlichkeiten. Als sich nach sechs Wochen in den Töpfen und Kästen nichts rührte, fanden wir das verdächtig. Als im Juni unser Balkon immer noch aussah wie frisch aus der Winterpause, bekamen wir Panik und nominierten ein paar Trichterwinden nach. Aber die schmollten und dachten Ende Juni nicht daran, noch mal Gras über den Balkon wachsen zu lassen. Tief geknickt sahen wir ein, dass zu einem florierenden Gartenbalkon doch mehr gehörte, als ein paar Samen in der Erde und englische Adelstitel. Vor allem ein bisschen Sonne hätte wahrscheinlich geholfen.

Seitdem kümmert unsere Außenvegetation so vor sich hin wie bei den meisten Balkonen in der Nachbarschaft: ein unverwüstlicher Rosmarin, zwei zerzauste, ausgewilderte Basilikumtöpfchen und dazu saisonale Hingucker, die jeder hat, der ein liebes Fräulein hat – Mininarzissen, Ranunkeln, altrosa Geranien.

Mit einem Garten hatte dieser topflastige Balkon nichts zu tun. Während wir einen Parkplatz suchten, malten wir uns deswegen den Stadtgarten in den schönsten und grellsten Farben (überwiegend Grüntöne!) aus. Ein alter Baum, ein schöner Zaun, ein bisschen Rasen, groß genug, um einen Grill und eine Picknickdecke darauf auszubreiten, und dann natürlich Platz für Blumen, Platz für Johannisbeeren, Kartoffeln,

Gurken und Tomaten. Eine Frühlingszwiebelallee für mich und Rittersspornrotunden für das liebe Fräulein waren ebenso gesetzt wie ein kleines Vintage-Gewächshaus und ein amtlicher Komposthaufen. Der Fußballplatz der FT Gern, an dem wir gerade vorbeifahren, hätte für unsere Pläne annähernd die richtige Größe gehabt. Als uns das dämmert, haben wir endlich eine Parklücke gefunden.

»Können wir uns hier doch nie leisten, einen Garten, gibt es ja gar nicht, da muss man dann die Villa schon mitkaufen«, sage ich beim Rückwärtseinparken, denn das ist etwas, was mich immer ein bisschen missmutig werden lässt.

»Schrebergarten«, sagt das liebe Fräulein.

»Schre-ber-garten?« Ich muss an Dauercamper und Gesundheitsschuhe denken, das sind die Begleitbegriffe, die mir sofort einfallen, wenn ich das Wort Schrebergarten höre, unauslöschbar miteinander verbunden, genau wie Luftdruck mit Hektopascal. Schreber, Schreber, vielleicht sollten sich die Verantwortlichen mal einen hübscheres Wort dafür einfallen lassen. Davon abgesehen aber fällt es mir wie Tropfen aus der Tropfsteinhöhle: Unsere frische Idee vom Stadtgarten ist schon hundert Jahre alt!

Am nächsten Tag bummeln wir in die nahe gelegene Schrebergartenkolonie, an der ich fast jeden Tag mit dem Fahrrad vorbeifahre, ohne jemals neugierig geworden zu sein. Sie trägt den romantischen Namen S036 und verfügt über eine eigene Schrebergartenkneipe mit klipperndem Fahnenmast. Die Wege durch die Anlage sind gekiest, es knirscht, wenn wir gehen, und es knirscht nicht, wenn wir alle fünf Meter stehen bleiben, um über die Zäune zu gucken. Die Schrebergärten sehen ungefähr so aus wie unsere Gartenvision von gestern – zieht man mal die violetten Glaskugeln, die Keramikfrösche, Solarbrunnen und bepflanzten Holzspeichenräder ab. Viele Beete sind schon umgegraben, aber Zucchini und letzte Tomaten hängen noch überall, tolle Blumen gibt es noch, die mir das Fräulein als Dahlien vorstellt, und tatsächlich auch ein paar Kürbisse. Zu so einem Garten gehört immer auch eine kleine Hütte, und manche dieser Hütten sind so übermäßig herausgeputzt, dass man schon merkt: okay, Lebensinhalt. Überhaupt ist die ganze Anlage sehr ordentlich, Laub liegt auf großen Haufen, die Büsche sind allesamt zwanzig Zentimeter über Zaunhöhe gestutzt, die Gardinen hinter den Hüttenfenstern mit Bändern zusammengebunden. In der Mitte der Kolonie warten ein Brunnen und ein Brett mit Aushängen. Dort lesen wir die Satzung der Kleingartenkolonie S036, lesen dringende Ermahnungen an die Kleingärtner, Laub nicht zu verbrennen, Wasser zu sparen, Lärm zu vermeiden, Grillvergnügen einzustellen, schiefe Dachziegel gerade zu rücken und keinesfalls die Zu- und Abfahrt zur Grünmüllentsorgungsstelle zu blockieren! Wer weiterhin blockiert, dem drohen Ausschluss, Entzug, Schleifung der Gartenhütte. Außerdem gibt es noch eine Einladung zur Weihnachtsfeier im Vereinsheim, bei der gefälligst gute Laune und Plätzchen mitzubringen sind. Von freien Schrebergärten, die an ein sympathisches, junges Paar mit Hang zur vorschnellen Begeisterung vergeben werden, steht da nichts.

Abends im Internet, dem großen, sanften Orakel, dem man mit allen Sorgen zu Leibe rücken darf, stellen wir fest, dass es mit der Digitalisierung der Münchner Schrebergartenkolonien nicht allzu weit her ist. Kaum eine der Anlagen hat eine eigene Homepage, von zentralen Plattformen, Laubenpiepervergleichen oder Online-Antragsformularen mal ganz zu schweigen. Und die komische strategische Kartographisierung der Anlagen macht es auch nicht einfacher. Das Google glüht, als wir endlich ein paar Informationen zusammenhaben: Die Münchner Schrebergärten fühlen sich noch stark der Uridee des Schreberns verpflichtet. Als kinderloses, unverheiratetes Paar, das nicht in der Fabrik arbeitet, haben wir offenbar wenige Chancen. Außerdem kann man dank zentraler Vergabe nicht unbedingt darauf hoffen, dass man einen Platz in einer Anlage in der Nähe abkriegt, sondern darf womöglich wieder durch die halbe Stadt rattern.

Am nächsten Tag ruft das liebe Fräulein trotzdem ein paar der Kleingärtnervereine an und berichtet abends

Schauerliches. Es gäbe eine Warteliste, auf die wir uns eintragen könnten, aber vor drei bis vier Jahren ist an einen eigenen Garten nicht zu denken. Schließlich würde so ein Schrebergarten von seinen Besitzern meist bis zum Lebensende gepachtet, und das Gärtnerleben, lachte einer der Vorsitzenden, hält ja sehr gesund und geht folgerichtig ewig. Na, Glückwunsch. Entmutigt ziehen wir uns in unsere ganz und gartenlosen zweieinhalb Zimmer zurück und schmollen.

»Mir mögnan aber 'n Garten!«, sagt das Fräulein. Immer wenn sie schmollt, spricht sie ein drolliges Quatschbairisch. Besonders gemein finden wir den Umstand, dass in anderen Teilen der Republik, zum Beispiel im ewigen Berlin, das Prinzip Schrebergarten längst hübsch liberalisiert wurde. Da kann man die zukünftige Laube sogar bei eBay ersteigern, inklusive Hängematte und Spaten, ohne Versandkosten. (Ja, ich habe probehalber Schrebergarten bei eBay eingegeben. Ich gebe alles probehalber bei eBay ein.)

Aber Berlin ist eben Berlin, und wenn wir lose Sitten und verkommene Schrebergartenmoral hätten haben wollen, hätten wir eben nicht nach München ziehen dürfen. Aber diese Stadt hat ja auch ihre schönen Seiten, zum Beispiel einen lässig frühen Wintereinbruch.

März

Der Winter kam diesmal an einem Novemberdienstag um Viertel nach zwei, und er blieb bis zu einem bitterkalten Märzdonnerstag.

Große Flocken, dann kleine Flocken fahren uns an diesem Tag noch mal in Ohren und Nase, und dann hört es auf zu schneien und wird die nächsten acht Monate nicht mehr anfangen, aber das wissen wir noch nicht, als das Fräulein und ich uns nach der Arbeit auf dem Viktualienmarkt treffen. Ein halbes Jahr nach dem Kürbis- und Schreberintermezzo ist unser Gartenwünschen zwar nicht weniger geworden, aber ein bisschen in den Hinterkopf abgewandert. Um dem Frühling keine andere Wahl mehr zu lassen, kaufen wir uns an diesem Nachmittag gleich mal ein paar Luxuserdbeeren aus Kalkutta und sorgen damit quasi im Alleingang für die Altersvorsorge des Standlbesitzers.

»Da zünd ich gleich 'ne Kerze an, so eine Sünde ist das, diese Erdbeeren«, sagt das liebe Fräulein, denn ab und zu fällt ihr ein, dass sie katholisch ist. Frühlingszwiebeln gibt's an diesem Tag aber noch nicht, der Winter hat schließlich gerade erst vor fünf Minuten aufgehört. Mit der Fischsemmel von Fisch Witte in der Hand schlendern wir dann bei Samen Schmitz vorbei.

»Kräutertöpfe für den Balkon wär'n gut«, sagt das Fräulein, und schon ist sie drin verschwunden, im ehrwürdigsten aller Münchner Pflanzengeschäfte. Der gesemmelte Bismarckhering und ich stehen noch ein paar Minuten in der Kaltluft, bis einer von uns beiden aufgegessen ist, dann folge ich meiner flinken Traumfrau, arglos wie immer.

Als ich sie finde, bewegt sie sich gerade westlich der Regalwand »Zweijährige Heilkräuter«. An ihrem Arm hängt ein phänomenaler Einkaufskorb, den sie mir wortlos zum Halten in die Hand drückt, während sie ohne Unterlass die Samentütchen im Regal fixiert. Das Phänomen dieses Korbes besteht darin, dass er schwer ist, obwohl nur Tütchen mit Samen darin liegen. Es sind sehr viele Tütchen: Pflücksalat, Kopfsalat, gelbe Rüben, rote Rüben, weiße Rüben, Kohlrabi und afrikanische Minze und dann noch allerlei Klassiker wie Tomaten und Gurken. Von einfachen Kräutertöpfen für unsere Küche keine Spur.

»Weib«, rufe ich entsetzt, »wie ist dir?«

Das liebe Fräulein hat inzwischen auch noch ein Tütchen Best-of-Wildkräutersamen im Arm und sieht mich, in Gesellschaft Tausender Dahlienzwiebeln, verklärt an. Es ist, als wären wir im Tierheim, denn ihr Blick sagt eindeutig: Ich würde die am liebsten alle mitnehmen!

Ich begreife. Meine kluge und vernünftige Freundin

hat eine akute Samentütchenattacke. Ich sehe mich um. Es ist aber auch zu verführerisch, all die kleinen Beutel mit den wunderbaren Erntebildern vorn drauf, herrlichste Sorten, allein 34 verschiedene Klettergurkensamen, und alle kosten nur ein paar Cent. Unsere Bindehaut hat seit Wochen nicht mehr so viel Frischgrün gesehen, kein Wunder, dass wir etwas labil sind. Ferngesteuert tauche ich eine Etage tiefer, wo neben den Lauchen und vor der Petersilie die Frühlingszwiebeln hängen. Unglaublich. Es gibt Frühlingszwiebeln mit dicker Knolle, es gibt Lauchzwiebeln, die gegen Kohlfliegen resistent sind, es gibt frühe und späte und Ganzjahressorten, und in jeder »Pckg.« sind sagenhafte 140 »Stck.«. Ich nehme sicherheitshalber von jeder Sorte eine.

Das Problem bleibt aber, dass wir eigentlich nur Rosmarin und Basilikum für daheim haben wollten. Das Problem ist immer noch, dass wir nur einen Balkon habe – so groß wie ein Duschhandtuch. Weil ich nicht weiß, wie das liebe Fräulein diese Nachricht momentan verträgt, sage ich nichts und lege, um sie zu beruhigen, noch ein paar Tütchen in den Korb dazu, genau genommen alle, derer ich auf dem Weg zur Kasse noch habhaft werden kann.

Solche Samentütchen sind ja wirklich wunderbare Versprechen. Hunderte von Zucchini einer Hybrid-F1-Kreuzung verheißen sie ihrem Käufer. Kein Wort von Schwierigkeiten, keine Warnung an unerfahrene Städter, stattdessen eine genaue Anleitung, Aussaattermin, Eingrabtiefe, eine lachende Sonne und die angepeilte Erntezeit. Ja, man kann sagen, mit den letzten Schneeflocken im Haar sind diese Samentütchen die besten Optionsscheine auf den Sommer. Aus diesen nicht gerade anspruchslosen Gedanken reißen mich Schaufelgeräusche, die ganz natürlich entstehen, wenn ein Mädchen Samentütchen aufs Kassenband schaufelt. Wir kaufen natürlich den ganzen Korb, die Verkäuferin sagt aufmunternd: »Na dann, frohes Säen!« – und wir nicken wie ganz normale Gutsbesitzer.

Daheim am Küchentisch fühlen wir uns etwas verkatert. Vor uns breitet sich eine Lawine aus Tütchen aus, wir hocken in einem Gemüsekaleidoskop, und das liebe Fräulein raschelt traurig mit ihren Blumensamen.

»Die sollten auf die Tütchen so Warnhinweise drucken wie bei Zigaretten«, sagt sie mit schlechtem Gewissen. Wir erwägen die Möglichkeiten. Klar ist, dass wir keinem einzigen dieser Samenhäufchen ein angemessenes Heim bieten können. Im Tütchenrausch haben wir unsere tatsächlichen Möglichkeiten, was urbares Land angeht, komplett ausgeblendet. Eine Topforgie auf dem Balkon, das steht fest, werden wir nicht wiederholen, nicht mal mit einer Miniauswahl. Das Einzige, was bei uns wachsen würde, das Basilikumtöpfchen, haben wir vergessen.

Uns fällt nichts ein. Wie immer, wenn ich konfus am Küchentisch sitze, telefoniert das liebe Fräulein mit seiner Mutter und kommt (nicht immer, aber diesmal) neunzig Minuten später zurück, in der Hand die Telefonnummer von Frau Haindl. Dazu erzählt sie mit einer Geschwindigkeit von acht Wort pro Sekunde eine Geschichte, bei der ich die Begriffe »Nachbarin«, »Feld vermieten«, »für jedermann« und »Plätze frei« in die richtige Reihenfolge bringen muss, ganz wie bei Günther Jauch am Anfang der Show. Ich nehme ihr ohne ein Wort das Zettelchen mit der Nummer ab und mache dann noch etwas, das ich vorher immer nur im Kino gesehen habe: Ich tätschle ihr mit der flachen Hand beruhigend auf die Stirn. Oder war es die Schulter? Das Fräulein jedenfalls bleibt irritiert stehen und sagt nichts mehr. Dann ist Frau Haindl dran. Nach einmal Tuten unter einer Nummer, deren Vorwahl ich noch nie gewählt habe, sagt eine Stimme, schön wie das ganze Oberbayern und Allgäu zusammen: »Haindl.« Ich erkläre aufgeregt mein Anliegen und ob ich denn überhaupt damit bei ihr richtig wäre. Sie spricht energisch, und es klingt dabei so, als ob ihr noch nie jemand die Funktionsweise eines Telefons richtig erklärt hätte, jedenfalls ist es ganz schön laut zwischen uns beiden. Vielleicht sitzt sie aber auch nur in einem rasenden Geländewagen.

Die Frau Haindl, so viel verstehe ich, wohnt in Gauting und überredet Bauern im Umland, ein Stückchen ihrer Äcker streifenweise an solche Leute zu verpachten, die bei Samen Schmitz den Verstand verloren haben. Dies macht die gute Frau, weil sie sich für regionales Gemüse einsetzt, schon ihr ganzes Leben lang, jawohl. Allerdings hat sie sich bisher immer darum gekümmert, dass die Produkte von den Landwirten aus der Umgebung in die Supermärkte der Umgebung kommen. Vor zwei Jahren haben sie dann zum ersten Mal den Bauern die Arbeit abgenommen und das Zeug selber angebaut, und dieses Jahr soll es das wieder geben, »weil es allen so gut gefallen hat«, sagt die Frau Haindl. Das ist schön. Die Orte, in denen das Laienbauerntheater dieses Jahr zur Aufführung gebracht werden soll, klingen zwar nicht richtig fremd, aber eine genaue Vorstellung habe ich auch nicht davon. Aschheim, ist das jetzt noch S-Bahn oder eher schon Chiemsee? Als Letztes sagt sie Seefeld. Da war ich schon mal, das ist da schräg drüben, also wenn man hinter meiner in Haltsnichtmehraus-Neugier durchs Zimmer springenden Freundin noch mal dreißig Minuten mit dem Auto weiterfährt.

Ich bestelle also hundert Meter Acker in Seefeld.

Frau Haindl will sie nicht hergeben.

»Aus München?«, sagt sie und ringt nach Landluft. »Alle drei Tage Unkraut rausmachen, und die Kartoffelkäfer, wer klaubt die ab? Das schaffen's doch gar nicht, von München aus.«

»Frau Haindl, einen Acker für uns, bitte, ich meine, bittschön! Wir halten, wenn es sein muss, 24 Stunden Unkrautwache und tragen die Kartoffelkäfer einzeln zum, äh, Wertstoffhof? Oder was macht man eigentlich mit denen?«

Frau Haindl seufzt, sagt »In Gottes Namen« und dass es ein Experiment sei und ich ihr jetzt aber erst mal Geld überweisen muss. Sehr wenig Geld, für den phantastischsten, fruchtbarsten, weitläufigsten Acker, den ich je gepachtet habe. So erkläre ich es dreißig Sekunden später dem lieben Fräulein, das inzwischen fix und fertig auf ihrem Schreibtischstuhl helikoptert und droht, herunterzuspringen, wenn ich nicht sofort alles haarklein nacherzähle. Ich kürze ab: »Hundert Meter Acker! Seefeld! Für uns. Wir dürfen alles anpflanzen außer Troubadour.«

55 strampelnde Kilo Vollglück fallen mir in die Arme. Nachdem wir zusammen mehr gestrahlt haben als alle bayerischen Atomkraftwerke zusammen, lassen wir wieder ein bisschen Sauerstoff ins Gehirn.

»Wann gehts los?«, fragt das Fräulein.

»Was ist Troubadour?«, frage ich.

»Topinambur, natürlich«, sagt das Fräulein und hat vermutlich mal wieder so was von recht.

Das Telefon, das ich immer noch in der Hand halte, klingelt schon wieder. Erschrocken weichen wir ein Stück zurück. Das kann nur die Haindl sein, die uns den Acker doch nicht geben möchte. Vielleicht hat sie mit den Schrebergartenfaschisten aus der Stadt gesprochen, vielleicht müssen wir erst noch einen Praxis-Test bestehen, in den Disziplinen Jäten, Rupfen, Kartoffelkäfer. Auf alles gefasst, melde ich mich, aber es ist dann nur Martin, mein Freund aus Grundschultagen. Triumphierend erzähle ich ihm gleich von unserem großen Coup, rufe: »Land, eigene Scholle, mein Stück Oberbayern, Alter!« Zehn Erklärsekunden später fragt er süffisant, ob ich mich jetzt auch für verfilzte Haare und Barfußtänze interessiere. Ich flippe kurz nicht mehr aus. Den Hippieaspekt hatte ich nicht bedacht, aber ich gebe zu, bei ungünstiger Betrachtung liegt er nicht allzu fern.

Später gehe ich zum Fräulein, die ihre Rolle mit Endlospapier ausgepackt hat, was immer ein Zeichen für große Pläne ist.

»Sind wir jetzt Hippies?«, frage ich zerknirscht. »Sind wir jetzt wie die Menschen, die immer noch ins Reformhaus mit Schneekoppetürklingel gehen, obwohl es längst schöne, anonyme Biosupermärkte gibt?«

»Du bist bestimmt kein Hippie, du hast einen Pyjama von Ralph Lauren.«

»Soll ich dann im Pyjama zum Ernten fahren?«

Aber das Fräulein hat sich schon wieder ihrem Papier zugewandt, auf dem sie in langer Reihe die Namen der von uns gekauften Samen notiert, inklusive Aussaattermin.

Sei's drum, dann trage ich als Gegenbeweis eben meinen Ralph-Lauren-Schlafanzug in einer Spezialtasche mit mir mit, und zwar so lange, bis mir etwas Besseres eingefallen ist, um diesen Stadtsnobs den Sachverhalt klar zu machen: Ja, ich habe einen reizenden oberbayerischen Ackerstreifen für ein Jahr gemietet, um darauf

Zeug anzubauen. Nein, da steckt keine komplette Neuausrichtung meiner Daseinsdenke dahinter, klar?

Die Übergabe des Ackers, das erfahren wir in den nächsten Tagen von Frau Haindl, ist erst für Mitte April geplant. Wir haben also noch ein paar Wochen zur Vorbereitung und für einen kleinen, vorgezogenen Urlaub. Denn das hatte die große alte Dame der Feldverpachtung mehrmals angedeutet: Wer seinen Acker während der Saison für vierzehn Tage im Stich lässt, der kann später aus dem Füllhorn der Erntefreuden nur ein mickriges Rinnsal erwarten. Angesichts dieser düsteren Prognose ahnen wir zum ersten Mal: Unser Leben wird sich komplett ändern. Aber immerhin haben wir mit dieser Aussicht eine gute Gesprächsgrundlage mit den zahlreichen werdenden Eltern in unserem Bekanntenkreis.

Bevor wir nach Italien rasen, müssen wir vorziehen. In dem Gartenbuch, das wir von Fräuleins Eltern ausgeliehen und seitdem ununterbrochen studiert haben, nimmt das Vorziehen von Pflanzen große Strecken ein. In einem Gewächshaus, das sieht man auf einem Foto, stehen Kästen und Töpfe, aus denen es artig sprosst und sprießt. In so einem Glaskasten reicht auch das kleinste bisschen Märzsonne, um wohlige Keimstimmung zu verbreiten. In Ermangelung eines Gewächshauses beschließen wir, auf unseren Fensterbrettern vorzuziehen. Die haben immerhin Glas auf der einen Seite und unten eine Heizung, das müsste doch genügen, um Frühling in der Stadt zu simulieren. Länger denke ich darüber nach, ob Nutzpflanzen wirklich auch mit Zimmerluft atmen können oder ob die Photosynthese und der ganze Kram nicht eigentlich mindestens ein bisschen Landwind benötigen.

»Quatsch«, sagt die Frau in meiner Küche. Die hat in den Untiefen ihres Allerleischrankes derweil ein erstaunliches Gerät gefunden, eine Papiertopfpresse, die nicht mehr ist als ein Holzkegel mit passendem Holzschuh. Klemmt und dreht man darin Zeitungspapier ein, entsteht eine kleine Papierrolle mit Boden – perfekte Anzuchttöpfchen, mit dem Zeitungspapier sogar selbstverdauend, so dass man sie nach Gebrauch einfach in die Biotonne werfen kann oder, noch besser: direkt mit dem Sportteil einpflanzen.

Wir wickeln also keine Fische in Zeitungspapier (das habe ich auch noch nie gemacht), wir wickeln junges Gemüse darin ein. Trotz dieser tollen Erfindung haben wir beim Vorziehen ein paar Startschwierigkeiten. Da wir nur eine begrenzte Anzahl von Fensterbrettern haben, müssen wir uns auf ein paar Arten beschränken, die den heimischen Pflege- & Hebammenservice genießen dürfen. Für die Starthilfe kommen besonders die Arten in Frage, die von Natur aus lange brauchen und die angeblich besonders anfällig sind. Wir entscheiden uns für Sellerie, Lauch, Tomaten und Kopfsalat als Hätschelkandidaten. Die Erde schleppe ich vom Supermarkt bis an den Küchentisch. Das liebe Fräulein hat eine kleine Schaufel, die früher mal zu unserem Küchenzubehör gezählt wurde, und gräbt damit in dem Sack.

»Komische Erde«, vernehme ich von den Grabungsarbeiten. Tatsächlich sieht das Zeug nicht nach schwarzer feiner Bröselerde aus, sondern ist braun und faserig wie ein Sperrholzbrett, das vier Jahre im Matsch gelegen hat. Billigerde, Discountertorf, das Fräulein schüttelt vernichtend den Kopf, und ich habe wieder was gelernt.

Das mit dem Lernen ist jetzt sowieso meine Hauptaufgabe. Als Nächstes lerne ich zum Beispiel: Der Sellerie wächst aus Selleriesamen. Selleriesamen aber sind so klein, dass eine handelsübliche Ameise sie verschlampen könnte. Sie stehen jedenfalls in gar keinem Verhältnis zu der Wuchtknolle, die am Ende dabei herauskommt.

An einem Freitag säe ich die ersten Selleriesamen in Töpfchen und die grünen Anzuchtschalen, die jetzt überall dort stehen, wo früher unsere Fensterbretter waren. Die Erde ist weich und warm, mein rechter Zeigerfinger macht ein Loch hinein, bauchnabeltief, meine linke Hand mit dem Selleriesamentütchen macht schüttel – etwa vierhundert Selleriesamen rieseln in das Loch. Mit links bin ich nicht so geschickt. Das liebe Fräulein trägt schon das erste Sommerkleid des Jahres und hat alles beobachtet. Sie entwendet meinen verklumpten Fingern das Tütchen, drückt mir stattdessen den Beutel mit den Salatpellets in die Hand – große, feste Körner, bei denen der Samenhersteller die kleinen Kopfsalatsamen schon mit einer Schicht aus Nährstoff ummantelt hat, um sie handlicher zu machen. Das ist sehr vernünftig, damit geht unsere Ein-Same-pro-Loch-Politik viel besser auf. Allerdings sind diese Spezialsamen doppelt so teuer und viel weniger als das pure Fitzelzeug. Auch so stellen wir aber nach einer halben Stunde Bauchnabelbohren fest, dass wir deutlich zu wenige Löcher haben und die Tütchen kaum leerer werden.

»Wurscht, die heben wir fürs nächste Jahr auf«, sagt das Fräulein. Ich liebe sie sehr, dann fahren wir in Urlaub. Aber nicht ohne vorher noch Fräuleins Mutter zum Gießen unseres Gemüsekindergartens zu überreden.

Den Urlaub verbringen wir damit, in toskanischen Supermärkten weitere Samentütchen zu kaufen und über die deutschen Übersetzungen auf den Rückseiten zu kichern. Da steht zum Beispiel neben einem Gemüsefoto, auf dem eine Mischung zwischen Aubergine und Tomate abgebildet ist: »Mohnblüte für Ölausbeute hängend und Frischmarkt frei anbaubar.« Ja, hurra, wir können es schon jetzt kaum noch erwarten.

Als Urlaubslektüre haben wir Gartenbücher dabei

und erzählen uns nebeneinander auf den Liegestühlen, was darin steht. Das ist eine gute Methode, um festzustellen, dass jeder Gartenbuchautor etwas anderes schreibt, wenn es darum geht, welche Pflanzen sich vertragen, welche Schädlinge wie zu verscheuchen sind und wann man Jungpflanzen die Schrecken des Bodenfrostes und der Finsternis auf freiem Feld zumuten kann. Schließlich sortieren wir aus. Das Fräulein glaubt fortan nur noch Kreuters »Biogarten«-Bibel, denn schließlich muss auf unserem Acker alles bio sein, das ist die wichtigste Vorschrift, gleich nach dem Verbot von Topinambur. Ich lese dafür John Seymours »Leben auf dem Lande«, das durch unklare Zufälle seit Urzeiten in meinem Besitz ist. Es war, das hat mein Vater mal mit nostalgisch bewegter Stimme erklärt, in den siebziger Jahren ein populäres Aussteigerbuch. Überaus amüsant, wenn auch für unsere Zwecke nicht sehr dienlich. Seymour geht nämlich davon aus, dass seine Leser kurz davor sind, eine verlassene Farm in Mittelengland zu übernehmen. Deswegen lernt man dann in diesem Buch, wie Schafe zu halten und Misthaufen anzulegen sind, Steinmauern zu reparieren und Bewässerungssysteme zu graben. Es ist unterhaltsam, aber auch etwas spleenig, weil mit dem Rötelstift jeder Schritt des wachsenden Selbstversorgerglücks im Bild festgehalten wurde, bis hin zur fertigen Wurst.

»Guck, so hält man einen Hammel.«

»Selber guck, wie machen wir das eigentlich mit dem Wasser auf dem Acker?«

Ich wusste doch, dass wir etwas Elementares vergessen hatten. Pflanzen brauchen Wasser, nur deshalb gibt es eine ganze Gießkannenindustrie, sogar mit eigenem Prinzip. Aber wir können ja nicht jeden Tag mit der Gießkanne im Auto zum Feld, volle Gießkannen sind kein bisschen autokompatibel und einen Tankwagen haben wir nicht. Hatte Frau Haindl deshalb gezögert, Münchner in die Ackergemeinde aufzunehmen? Die anderen kamen alle aus der nächsten Umgebung, das hatten wir schon mehrfach zu hören bekommen.

»Vielleicht gießt der Bauer das Feld?«

Das liebe Fräulein sieht mich nachsichtig an und sagt nichts. Ich gehe mal lieber Espresso machen.

April

Zehn Tage später kommen wir aus dem forsythiengelben Italien und stehen auf dem Brenner wieder mitten im Schnee. Nördlich der Alpen ist es, als hätte es die Vegetation nie gegeben: schwarze Flächen, eingebettet in braune Gegend. Wir machen noch einen Abstecher nach Seefeld und inspizieren zum ersten Mal den Ort, der in wenigen Tagen unser Traumgarten werden soll. Das Feld liegt direkt an einer kleinen Dorfrandstraße, auf der unentwegt BMW mit offenem Fenster oder Motorradfahrer hin- und herbrausen, als wäre es eine Teststrecke. Es ist aber nur die hiesige Jungbürgerschaft, die den Frühling auf ihre Art und Weise begrüßen möchte. Wir stehen, noch die letzten kleinen Pinienzapfen im Haar, vor dem windigen Stück oberbayerischer Ackerscholle und frösteln.

»Wüst«, sagt das Fräulein und hat die sich darbietende Sachlage damit treffend analysiert. Die Erdklumpen, aus denen so ein Acker gemacht ist, hatte ich mir nicht so groß und hart vorgestellt, irgendwie hatte ich bis zu diesem Moment tatsächlich gedacht, das Feld würde so aussehen wie der kleine Küchengarten meiner Mutter, nur eben in Fußballplatzgroß. Jetzt wirkt es eher wie ein Truppenübungsplatz, und zwar nachdem die Panzer ihren Auftritt hatten. Mit unseren kleinen Gartenschaufeln und Hacken vom Balkon würden wir hier nicht weit kommen, das ist klar.

Als wir dergestalt verzagt daheim die Tür aufsperren, ist es, als wäre das Auenland bei uns eingebrochen. Unsere Fensterbretter sind von streichelzartem Grünflaum umsäumt. Es riecht nach Moos, Morgentau glitzert auf dem Fernseher, ein kleines Rudel Rehe scheuche ich erst mal ins Treppenhaus. Wir lassen uns die Taschen von der Schwerkraft abnehmen und rufen uns dann zwei Stunden lang solche Sätze zu:

»Die Zinnien sind was geworden!«

»Du, die Tomaten kommen ganz toll!«

»Oh schau, vierhundert Selleriepflänzchen auf einem Zentimeter!«

Tatsächlich hat unser heimisches Vorzüchten im zweiten Stock ganz gut funktioniert. So gut, dass wir schon auf dem zweiten Fensterbrett nicht mehr genau wissen, welche dreiblättrigen Schönheiten uns da entgegensprießen. Einer von uns beiden hat nämlich damit geprahlt, sich schon noch merken zu können, wohin er seine Schlangengurken und wohin die Salatpellets gesetzt hat. Jetzt sehen die Zöglinge aber doch sehr ähnlich aus, wie sie da fingerhoch aus dem Fenster schauen.

Das Fräulein hat vorbildlich aus einer Spanholzkiste vom Obststand Steckschilder gebastelt und sie mit ihrer allerbesten Laura-Ashley-Schrift betitelt. Na ja, das finde ich fast schon ein bisschen pedantisch.

In der Wohnung riecht es wie im Palmenhaus des Botanischen Gartens; wäre man wohlwollend, könnte man sagen, es rieche nach Leben. Weil es aber lieber wieder nach Bohnerwachs und Kaffee riechen soll, packen wir die Jungpflänzchen für ihre letzten Tage in der Stadt auf den Balkon. Da sollen sie sich schon ein bisschen abhärten und an Wind, Wetter und Mobilfunkstrahlung gewöhnen. Frost immerhin ist keiner mehr angesagt.

Am Samstag drauf ist endlich die Ackerübergabe. Auf der Hinfahrt nach Seefeld sieht unser Kofferraum aus wie der brasilianische Regenwald im Maßstab 1:1000. Kistenweise zartgrünes Gekreuch kutschieren wir aus der Stadt. Unterwegs macht sich in Stereo die Sorge breit, dass die Mitpächter auf dem Feld uns vielleicht blöd finden könnten. Weil wir erstens aus der Stadt kommen und zweitens, statt bei der konstituierenden Sitzung aller Ackerpächter vor zwei Wochen, noch bei Florenz waren. Kurz haben wir deswegen Lust, absichtlich ganz affige Sachen zu machen, zum Beispiel nur Orchideen zu pflanzen oder einfach zwei Reihen Weizen, gewissermaßen als eine Antibauerngartenperformance. Dann fällt uns auf, dass das vermutlich ziemlicher Unsinn wäre, und wir hören lieber Radio, wo der Wetterbericht seinen Lieblingssatz verkündet, dass es nämlich für die Jahreszeit zu kühl sei. Bevor uns klar werden kann, was das für Landbesitzer bedeutet, biegen wir in die Ackerstraße, das Fräulein verbietet mir zu hupen, die Sonne scheint, und Bauer Hubert fährt mit dem Traktor im Kreis.

Die leibhaftige Frau Haindl sieht genauso aus, wie wir sie uns vorgestellt haben. »Form follows function«, flüstere ich dem Fräulein zu, als wir uns auf die kleine Gruppe zubewegen, die sich um eine erdverschmierte, fröhliche Frau aufgestellt hat, nicht höher als ein Wasserhydrant.

Sie malt mit ihrer langen Gartenhacke gerade die Grenzen des Feldes in die Luft und zeigt an, welches die Wetterseite ist. Anschließend ruft Frau Haindl die Ackerpächter einzeln auf, und Bauer Hubert, der inzwischen mitsamt einem stattlichen Sohn dazugekommen ist, schlägt mit einem Holzhammer für jeden Pächter ein Namensschild in den Boden, wie ein Klingelschild, nur ohne Haus und ohne Klingel. Dahinter liegen jeweils 4x25 Meter Acker, Herr Hubert hat die Reihen in den Parzellen gerade mit einem Spezialdings an seinem Traktor zu kleinen Wällen aufgeschüttet. Wo vorher Ackerfurchen waren, sieht es jetzt aus wie hundert kleine Deiche nebeneinander, jeder fünfundzwanzig Meter lang und einen Meter breit. So ein Deich heißt in Bauernsprache Bifang, das erfahren wir ziemlich schnell, weil Frau Haindl das Wort ständig benutzt. Weil wir hundert Meter Bifang beantragt haben, gehören uns jetzt vier solcher Reihen.

Die Stimmung an diesem prächtigen Vormittag ähnelt der nach einer geglückten Kindstaufe – alles guckt auf das wüste Durcheinander, das bald wachsen und gedeihen soll. Frau Haindl hält passend dazu gerade auch eine Predigt, in der sie die biblischen Plagen des Unkrauts und der zu eng gesetzten Radieserl anschaulich schildert. Danach zeigt sie anhand eines ziemlich zerzausten Übungssalatpflänzchens, wie das Einsetzen von Jungpflanzen zu bewerkstelligen ist. Wir sind alle sehr damit beschäftigt, ihr dabei nicht zu neugierig zuzusehen, sondern mit mindestens einer Körperhälfte zu signalisieren, dass wir derartige Banalitäten bereits in- und auswendig beherrschen. Darüber hinaus wird von der Haindl explizit der Kauf eines Multitools der Firma Gardena empfohlen, mit dem sich gleichzeitig hacken, rechen und schaben lässt, sowie die universelle Heil- und Nutzkraft einer Substanz namens Steinmehl beschworen. Das Steinmehl ist so unglaublich gut, dass Frau Haindl das ganze Jahr über welches in der Hosentasche hat und es schließlich noch effektvoll über Oberbayern stäuben lässt.

Wir alle stehen nach dieser Darbietung starr vor Staunen, dann bricht ein unbeschreiblicher Jubel aus, und wenn wir Hüte tragen würden, würden wir sie in den Himmel donnern und »Vivat, vivat!« rufen. Oder besser noch »Spinat, Spinat!«. Die Ackersaison jedenfalls ist danach ganz ausgezeichnet eröffnet.

Alle anderen Menschen fahren dann sofort wieder nach Hause, die meisten waren mit dem Fahrrad da und wohnen in einer der drei angrenzenden Umlandsiedlungen, die haben keine Eile mit dem Pflanzen. Auch Bauer Hubert hat sich in Richtung Mittagessen verzupft. Dem ging ohnehin seit der engagierten Zwischenfrage einer Mitpächterin, ob dieser Boden überhaupt auch für ihre Biokresse geeignet sei, ein nervöses Zucken um die Mundfalten.

Wir sind also zum ersten Mal allein mit unserer Scholle, eine Kirchturmglocke schlägt laut und lang und schön zwölf Uhr Mittag. Unser Acker, da liegt er. So etwas Großes hat uns noch nie gehört. Ich gebe der Erde die Hand, aber die ist saugrob, die ist eigentlich immer noch nur: faustgroße Erdbrocken, hart und kantig. Wir holen trotzdem unsere zarten Fensterbrettpflänzchen aus dem Auto und merken richtig, wie es die fröstelt angesichts ihrer neuen Heimat.

So gut es geht, zerkrümmeln wir ein paar Meter Acker mit unseren eigens dafür mitgebrachten Händen. Die vielen Feldsteine entfernen wir nur, wenn sie größer sind als das Ortsschild. An dem vorbei fahren ständig Autos, in denen sich Leute den Kopf nach uns verrenken: zwei Städtern, die auf Knien über Land krabbeln. Egal.

Viel wichtiger ist jetzt, dass Sellerie Nr. 1 bis Nr. 37 die nächsten Tage überleben. Es sieht eigentlich nicht danach aus, die Erde ist trocken und die Pflänzchen sind albern klein angesichts der Landschaft, in der sie stehen sollen. Es ist seltsam, in der Anzuchtschale machen sie noch einen stabilen und lebensfrohen Eindruck, aber sobald wir sie mit hohler Hand und allen Miniwurzeln herausgraben und in ihr neues Wohnloch setzen, lassen sie den Kopf hängen und zeigen ihren weißen Stiel. Als ob ihnen bei dieser kleinen Transplantation sofort das Lebensgeistlein entfleuchen würde.

»Tun wir ihnen weh?«, flüstere ich.

»Wir müssen ein kleines Matschbett machen, damit sie sich besser fühlen.«

Das Fräulein holt den Wasserkanister aus dem Auto. Jedes Pflänzchen bekommt einen kräftigen Schluck, gute Wünsche von uns und ein stützendes Korsett aus Erde, damit sie wenigstens wissen, wohin die Reise gehen soll. Diese Überzeugungsarbeit dauert ganz schön lange; als die Kirchturmuhr eins schlägt, sind wir noch nicht mal mit der Hälfte der Pflänzchen fertig, und wir haben ja auch noch Saatkartoffeln und Saatzwiebeln, Gladiolen und Dahlien. Immerhin ist genug Platz, wir haben erst einen halben der Bifangwälle bepflanzt, und es schmerzen schon Körperteile, von denen wir gar nicht wussten, dass sie Schmerz haben können.

Als schließlich das letzte Salatblättchen eingemauert

ist, machen wir Pause, bleiben einfach auf der Erde sitzen und strecken die Rücken durch. Das ist schön, das hat man zuletzt als Kind gemacht: in der Erde gehockt und mit den Fingern ein bisschen was zerdrückt und dabei in die Wolken geschaut, den Kopf in den Nacken, bis er zu schwer ist, um je wieder nach vorne zu kippen.

Hinter uns zieht sich eine kleine Reihe grüner Tupfen durchs Erdreich. Man sieht sie nur, wenn man sich anstrengt, aber sie ist da und zusammen mit dem windigen Übungssalat von Frau Haindl das erste Grün weit und breit und der Beginn unserer Gartenvision. Das Fräulein sieht noch mal genau hin und wird auf einmal ganz essigsauer und ach: »Wir haben unseren Plan vergessen.«

Unser Plan ist ein besonderes Stück vom Endlospapier, auf dem sie in den letzten Tagen und Wochen alle ihre Erkenntnisse aus den Gartenbüchern auf unser vorhandenes Saatgut übertrug und eine Strategie austüftelte, so abgefeimt und kompliziert, dass Hermann der Cherusker neidisch darauf gewesen wäre. Zumindest wenn er statt seiner Germanen ein paar Kohorten Saatpflänzchen hätte in die Schlacht werfen wollen. Es war vieles zu beachten bei diesem Plan, allen voran die Unverträglichkeiten, die die Gemüsesorten untereinander so pflegen. Mit jedem Wochentag erlebte der Plan eine Neuauflage, am Schluss war er äußerst detailliert und bezog sämtliche Bauernregeln, Gärtnerregeln und Kräuterhexenregeln mit ein. Ganz schön vertrackt: Zwiebeln ziehen die Nachbarschaft von Karotten und

Zichoriensalat vor, bei Sonnenblumen mag eigentlich überhaupt niemand wohnen, nur Gurkens von nebenan haben nicht direkt was dagegen. Und was findet der Knoblauch als Umgebung angemessen? – Rosen! Der träumt wohl. Die kommen natürlich nicht auf den Acker, es darf ja nur Einjähriges gepflanzt werden, Buschwerk und auch zum Beispiel Blautannen scheiden damit aus.

Manches erscheint aber auch ganz logisch, etwa, dass Gurke und Dill gut in einer Mischmaschkultur leben können. Die gleiche WG bilden sie ja schließlich auch später im Gurkenglas. Leider gilt das nicht immer: Petersilie und Salat müssen auseinandergesetzt werden wie die ADHS-Zwillinge damals in der Grundschule. Gurke und Zucchini sehen zwar im Endprodukt ähnlich aus, mögen aber keinesfalls die gleichen Ecken bewohnen, zu Kürbissen passt fast überhaupt nichts, weil sie für ihre dicken Bäuche alles brauchen, was an Nährstoffen zu finden ist. Und obwohl beides Nachtschattengewächse sind, ist es ratsam, zwischen Kartoffeln und Tomaten einen gärtnerischen Gaza-Streifen zu errichten. Bei den Kohlarten gibt es auch sehr komplizierte Sympathieverteilungen, aber Kohl haben wir uns von Anfang an verkniffen, nicht nur weil das Fräulein die Rolle der Kohlarten für die menschliche Ernährung erschreckend geringschätzt, die Kohlpflanzen ziehen auch Kohlfliegen an, die uns von Beginn an von allen Schädlingen am unheimlichsten klangen. Und so weiter – es gibt in der Theorie sehr viel zu beachten, wenn man fünfzehn Gemüsesorten und zehn Blumenarten in einer Reihe pflanzen möchte. Deshalb entstand der große Plan, von dem sich noch unsere Enkel erzählen werden. Jeder Meter Bifang erhielt dabei eine andere Farbe inklusive Beschriftung, was dort zu säen sei. Nach vielen Anläufen und vielen »Ratzefummel her!«-Befehlen hatte das Fräulein dieses taktische Meisterwerk ausgearbeitet, komplett ausgestattet, sogar mit Markierungssaaten und Freiraum für Nachzügler. Eine Markierungssaat ist etwas sehr Seltsames, eine Art lebendige Leitplanke. Sät man in der Mitte etwas, das sehr langsam wächst, markiert man diese Schneise mit schnellen Brütern, wie etwa Radieschen. Steht dann erst mal die Radieschenallee, weiß man, wo später das Zeitlupengewächs rauskommt. Ich habe den entsprechenden Abschnitt sehr oft gelesen und konnte mir das trotzdem nie vorstellen.

Jetzt aber gilt es, den nächsten Bifang zu besäen, jetzt sind die Samentütchen und Markierungssaaten dran, und wir haben keinen Plan. Das Fräulein versucht sich zu erinnern, ich kann ihr leider nicht helfen – das Kapitel mit den Unverträglichkeiten und den nützlichen und weniger nützlichen Mitbringseln der einzelnen Pflanzen hatte ich großzügig überflogen. Es hilft aber alles nichts, das Zeug muss irgendwie in die Erde.

Die ersten drei Meter gehören der Petersilie, bei der schon die kleinen, hübschen Samen würzig duften. Wir säen erst glatte Petersilie, dann krause, weil wir trotz tüchtiger Abwägung nicht wissen, welche von beiden wir später lieber in unserer Küche zerhacken möchten. Das Ackerleben stellt einen vor Fragen, die das Normalleben niemals stellen würde. Zwei Sorten Petersilie also, das könnte einen hübschen Zwei-Ebenen-Effekt ergeben, denke ich. Drei Meter sind ganz schön viel, aber Petersilie braucht man ja fast immer, eigentlich nur für Käsekuchen nicht, und den gibt es bei uns eh nie.

Es folgen Karotten, von denen das Fräulein drolligerweise niemals anders als von »Gelbe Rübn« spricht. Sie meint das ganz ernst, und gleich komme ich mir mit meinen gestelzten »Karotten« ein bisschen geziert vor. Gelbe Rübn passt einfach besser in die Landschaft, in der wir stehen. Sie drückt mir ein Saatband in die Hand. Saatband ist Einsäen mit Stützrädern: In einen Zellstoffstreifen sind die Samen schon im richtigen Abstand eingeklebt, so dass man nur noch das Band einigermaßen länglich unter die Erde bugsieren muss, und später wächst alles wie mit dem Zollstock ausgemessen. Es ist aber gar nicht so einfach, diese langen Papierfetzen ordentlich zu beerdigen, schon gar nicht, wenn man nur Ackererde der Körnung »Bröselfels-Klumpen« vorrätig hat. Überall schaut jedenfalls ein Stückchen weißer Zellstoff raus, es sieht unfein aus, als wäre das nicht unsere hoffnungsvolle Carotin-Abteilung, sondern ein wenig gepflegtes Naturklo. Wir häufeln also aus kosmetischen Gründen an allen Enden nach, und es ist nicht zu übersehen, dass dabei gelegentlich die geforderten anderthalb Zentimeter Aussaattiefe überschritten werden. Egal, ohne Plan, ohne Gardena-Multitool, ohne Steinmehl und jetzt eben ohne alle Regeln säen wir weiter. Nach den Karotten kommen die Rettiche, dann eine Reihe mit Saatschalotten und Saatzwiebeln. Die sehen aus wie das Endprodukt, nur irgendwie kleiner und hunzliger.

Mich interessiert etwas: Wie viele Zwiebeln wachsen aus einer Saatzwiebel? Das liebe Fräulein sieht auf dem Beipackzettel nach, auf dem steht: Ertrag fünfzig Zwiebeln der Sorte »Stuttgarter Riesen«. In dem Netz sind aber auch nur genau fünfzig Saatzwiebeln der Sorte »kleine, verhunzelte Stuttgarter Riesen«. Eine Zwiebel ergibt also genau eine Zwiebel, was mich enttäuscht. Früher durfte ich bei meinem Opa Kartoffeln ernten, und dabei habe ich ganz ungetrübt die Freuden der Ernte kapiert: eine Pflanze = viele Kartoffeln, und zwar unwägbar viele. Nicht genau abgezählt drei, sondern eben manchmal auch zwölf. Was für eine Effizienz (das Wort kannte ich damals allerdings noch nicht)! Aus einer alten Kartoffel entstehen zwölf neue, aus einem Apfelbaum vierhundert Äpfel und so weiter. Aber bei Zwiebeln ist es nur eins zu eins, ist nur what you seed is what you get. Das ist irgendwie langweilig, finden wir und stopfen die Zwiebeln nachlässig ins Feld, in Zweierreihen, denn langsam beginnt der Platz auf unseren Bifängen zu schwinden. Knoblauch als Puffer, dann kommen die Kartoffeln, die brauchen viel Platz.

Das Fräulein beginnt zu jammern, dass an Blumen wieder überhaupt nicht gedacht wird bei dieser willkürlichen Platzvergabe. Darüber müssen wir später noch mal genauer reden. Am Ende dieses Bifangs richten wir jedenfalls noch so eine Art Großwildgehege ein: Zucchini und Kürbisse, außerdem die Löwenmäulchen des lieben Fräuleins und zur Abrundung ein paar Kräuter, die wir selten benutzen: Koriander und Borretsch, Bohnenkraut und Portulak. Ja, das sind alles Dinge, die man im Zustand der Gnade bei Samen Schmitz in seinen Einkaufskorb platziert, weil man denkt: »Mensch, Portulak, da muss ich so oft denken, wie schade es ist, dass ich den gar nicht kenne.«

Wir können nicht mehr, es ist fast drei, alles juckt und alles ist schmutzig. Ein ganzer langer Bifang ist noch leer.

»Machen wir nächste Woche«, sage ich, und das Fräulein lässt sich erweichen, weil die meisten ihrer Blumen ohnehin eher Anfang Mai als Anfang Eisapril ausgesät werden wollen.

Wir gehen die Reihen ab, sehen die Abdrücke unserer Knie, Hintern und auch ein paar Fetzen von Saatbändern. Nach der Namenlosigkeit auf unserem Fensterbrett bin ich großer Befürworter professioneller Beschriftung der einzelnen Abschnitte; Frau Haindl hatte das auch nachdrücklich empfohlen. Das Problem ist: Die Beschriftung muss nach strengsten ökologischen Gesichtspunkten erfolgen, die sind ja das oberste Gebot bei diesem ganzen Unterfangen. Eingeschweißte Plastikschildchen sind also ebenso ungern gesehen wie die teuer emaillierten Schildchen aus dem Weimarer Gartenhaus oder die Methode, die meine Mutter in ihrem

Kräutergarten anwendet – die gerollten Samentütchen werden dabei zu Wegpfosten und verraten ihre ehemaligen Bewohner –, und spätestens im Herbst fliegt alles durcheinander.

Wir haben uns deswegen für zwei konkurrierende Systeme entschieden: Das Fräulein bleibt bei ihren Leisten aus dem Baumarkt, also den beschrifteten Holzbrettchen, ich hatte mir in einer der landromantischen Zeitschriften, die neuerdings bei uns überall herumliegen, etwas besonders Nettes abgeguckt: Schöne Feldsteine auflesen und diese mit einem wasserfesten Stift beschriften als natürliche kleine Landschaftskunst mit Infomehrwert. Feldsteine gibt es auch jede Menge, einen Stift habe ich dabei, nur schön wird das alles bei mir nicht. In der Zeitschrift glänzten die Steine in allen mineralischen Kieselfarben, hier bei uns aber herrscht erdbraun vor, was daran liegt, dass der Bauer Hubert die Steine vorher leider nicht einzeln gewaschen hat. Ich kratze notdürftig ein Feld für die Beschriftung frei und schreibe: »Krause Petersilie«. Dazu muss ich sagen, dass ich der einzige Mensch auf der Welt bin, bei dem nicht automatisch im Alter von siebzehn Jahren eine flotte Erwachsenenschrift eingesetzt hat. Ich schreibe immer noch wie in der fünften Klasse, genauso unstet und wacklig und ohne irgendein System. In dieser Art also beschrifte ich diesen Feldstein mit den Worten »Krause Petersilie« und denke dabei, dass ich vermutlich zum ersten Mal überhaupt etwas mache, was gerade sonst kein einziger Mensch auf dieser Welt macht. In Kinderschrift auf einen Stein schreiben! Und nach diesem epochalen Moment fällt mir noch etwas eher Unbedeutendes ein, nämlich dass ich bei dem Wort »krause« immer an Schamhaare denken muss. Leider passt auch nur das auf den Stein, genau genommen steht da jetzt »Krause Pete«. Das ist nicht optimal, aber es würde wohl schon reichen, befinde ich. Ohne nennenswerte stilistische Fortschritte beschrifte ich alles, was ich gesät habe, und das Fräulein setzt ihre Brettchen.

Danach lagern wir am Ackerrand neben unserem Namensschild und sind zufrieden. Unsere Nachbarn zur Linken heißen Lehmeier, rechts steht »Fam. Jakob«. Ob wir uns mit denen vertragen werden? So richtig aus dem Weg gehen kann man sich bei diesem Gartenkonzept nicht. Strenggenommen standen wir beim Säen heute schon immer halb im Feld der anderen. Wie wird das, wenn überall etwas wächst?

Wir haben Angst um unseren Fensterbrettkindergarten, der sich sträubend und sehr klein vor uns erstreckt, wir möchten ihn nicht zurücklassen.

»Hunde graben nach Kaninchen«, sagt das liebe Fräulein sorgenvoll.

»BMW-Fahrer schätzen Petersilie-to-go«, sage ich.

Frau Haindl hatte erwähnt, dass es letztes Jahr Fälle von Mundraub auf den Feldern gegeben haben soll, aber daran möchten wir lieber nicht glauben. Mit letzter Kraft sammeln wir all die Schaufeln, Stöcke, Handschuhe und Knieschoner ein, die wir unterwegs abgeworfen haben. Kein Werkzeug funktioniert so gut wie zwei Hände mit je fünf Fingern und Fingernägeln, bei denen es auch schon egal ist. Dann bringen wir einen ungelenken Regentanz zur Aufführung, wünschen frohes Sprießen, weinen bitterlich. Mehr können wir im Augenblick nicht tun.

Seit wir einen Acker haben, gibt es ein neues Topzankthema bei uns, das sich ungefähr unter der Überschrift »Sinnvolles Gemüse gegen nutzlose Blumen« zusammenfassen lässt. Ich finde Blumen ja ganz nett. Sie wachsen vorne an der Kreuzung bei der U-Bahn-Station in einem Zelt und werden von einer zotteligen Frau mit Strickpulli verkauft. Wenn man ein bisschen Klimpergeld in der Tasche hat, geht man hin und kauft welche, hört sich die absurden Bedienungshinweise der Zottelfrau an (»Tauchen Sie die abgeschnittenen Enden in heißes Bienenwachs!«) und stellt sie daheim in einer Vase auf den Tisch, nicht ohne vom lieben Fräulein dafür mit ein paar sehr freundlichen Worten bedacht zu werden. Denkt man als normaler Mann gelegentlich mal an Blumen, ohne Anlass und ohne damit verbundene Forderung, kann man bei allen mir bekannten Mädchen, Frauen und Damen Bonuspunkte einfahren. Blumen also sehen gut aus, riechen gut, und nach vier Tagen will keiner die Sauerei wegmachen. Sie sind für mich Accessoires, die erst dann an der Reihe sind, wenn man sonst wirklich alles hat, was an Hausrat verfügbar ist. Erst dann stellt man sich noch Blumen auf den Tisch, gewissermaßen als eine temporäre Kunstinstallation. Kein Vergleich mit den ernsten Arbeitern im Acker des Herrn, den guten Gurken und braven Zwiebeln, den lieben Lauchen und den Kartoffeln. Die haben zwar kein prahlerisches Blütenorgelwerk wie Rittersporn, kein affektiertes Geschau wie Dahlien, aber sie werden uns dafür, verdammt nochmal, satt durch den Winter bringen. An dieser Stelle meiner Argumentation pflege ich mit der Faust auf mein Holzbein zu schlagen und mit dem Säbel zu rasseln, besitze allerdings weder das eine noch das andere, und deshalb büßt mein Hungerwinterplädoyer etwas an Stolz ein.

Das Fräulein liebt Blumen. Wenn wir einmal im Jahr bei ihren Eltern Kinderfotos angucken, sitzt sie darauf meistens mitten im Tulpenbeet oder schleppt eine riesige Sonnenblume durchs Bild. Einmal hat sie sogar den Mund voller Gänseblümchen, aber das Foto dürfen wir nie lange ansehen, weil es dem Fräulein zu albern ist. Später hat sie beim Abschlussball eine Blüte im Haar und posiert bei all ihren Urlaubsreisen immer nur mit einheimischen Riesensträuchern exotischer Ausprägung, denen sie sich zutraulich genähert hat. Jeden Winter leidet sie sehr unter dem Mangel an Blumen, deswegen bin ich daran gewöhnt, mit Hyazinthen und Amaryllen, mit Barbarazweigen und Jerichorosen, Weihnachtssternen und in Seife eingelegten Badewannenblütenblättern diesen Notstand zu überbrücken, bis sie endlich eines Tages wieder mit Armen voller Narzissen von der Zottelfrau kommt. Blumen machen das Fräulein glücklich, und damit nehmen sie mir die Arbeit manchmal ab, deswegen herrschte zwischen Blumen und mir bislang eine Art Entente cordiale. Sie darf natürlich auch auf dem Acker ein paar Blumen säen, auch wenn Frau Haindl davon strenggenommen gar nichts gesagt hat. Da ging es immer nur um Ernte und Bioqualität und Ertrag, also lauter Dinge, die bei einem Rittersporn nicht so wichtig sind. Ich bin ein wenig besorgt, dass unserem bald entstehenden Blumenfeld unter den Nachbarn deshalb vielleicht die nötige Ernsthaftigkeit aberkannt wird. Wenn ich diese Bedenken andeute, zieht die Madame aber gleich so eine riesige Schnute, dass ich mich sofort selber unterbreche und das Gegenteil von dem behaupte, was ich gerade gesagt habe, nämlich: »Natürlich kann man auf dem Feld Blumen haben, Blumen sind das Wichtigste, wichtiger als, sagen wir, H-Milch und Frank Elstner.« Erst dann nickt das Fräulein wieder gnädig. Sie hat genug Samenmunition angehäuft, um mit dem Ergebnis mindestens einen ganzen Wiener Opernball ausstatten zu können: Malven, Kosmeen, Tagetes, Ringelblumen, Minisonnenblumen, Dahlien, Gladiolen. Mich machen diese Namen schon im Auto ganz geziert und stolprig: Tagetes, Tagetes. Das klingt doch nach … nichts?

Als wir eine Woche nach unserem ersten Besuch wieder am Acker halten, merken wir gleich: In der Nachbarerde tut sich was. Es grünt und blüht, um genauer zu sein, überall stehen kleine Salate, die schon richtig wie Salat aussehen, Kräuterbüschel, von denen man schon was abschneiden könnte, Kohlrabiblätter und zierliche Kohlstrünke.

»Zierliche Kohlstrünke gibt es gar nicht!«, muffelt meine Mitpächterin, verblendet von ihrem besinnungslosen Kohlhass und auch ein bisschen neidisch auf die schnellen Erfolge der Nachbarfeldstreifen. Da wurde verstärkt mit Pflänzchen aus der Gärtnerei gearbeitet, ein Verhalten, das ich nach kurzen Gewissenstumulten als langweilig und schäbig abtue. Nicht so gefestigte Gemüter unserer kleinen Ackergemeinde allerdings trommeln nach kurzer Rundschau mit gefestigten Fäusten auf mich ein und verkünden: »Wir mögen auch solche fertigen Pflänzchen!« Klingt nach neuem Topzankthema.

Zur Ablenkung besäen wir den letzten verbliebenen Bifang mit einer Blumenvielfalt, dass ich mich schon sehr wundern würde, wenn die nächste Internationale Gartenschau nicht in Seefeld stattfinden sollte. Das Fräulein dirigiert Kornblumen und Kapuzinerkresse, Wicken und irgendwelche Kerzen, Blaues, Rotes und Gelbes mit solchem Eifer, als wäre der Strauß schon fast fertig und nicht nur unscheinbare Körnchen. Am Besten gefällt mir schon jetzt ein Abschnitt, der mit »Jungfer im Grünen« bestellt ist, was immer sich dahinter verbirgt, ich stelle es mir recht lieblich vor.

Was den Zustand der vorgezogenen Pflänzchen aus unserer Wohnung angeht, die wir beim letzten Besuch angesiedelt hatten, so wäre vielleicht phlegmatisch der richtige Ausdruck, auch wenn sich dessen botanische Gültigkeit meiner Kenntnis entzieht. Gut ist, dass bis auf zwei oder drei Sprösslinge alle noch irgendwie zu leben scheinen. Gewachsen sind sie allerdings kein Stück. Die Salate haben immer noch genau die gleichen zwei Anfangsblättchen, nur vom Wind ist ihnen die Frisur ein bisschen zerzaust. Wie wir die Zausel gerade kritisch betrachten, hält ein kleines, rotes Auto hinter unserem, und heraus springt Frau Haindl. Wie ein Admiral überblickt sie das Feld, nimmt uns ins Visier, und schon steht sie neben uns und beäugt die kleinen Salatanlagen. »Passt scho, mei, aber habt's no koa Stoamehl drauf?« Wir schütteln ertappt die Köpfe. Hoffentlich fragt sie nicht auch noch die Gardena-Multihacke ab, die war uns nämlich die ganze letzte Woche noch zu teuer. Aus ihrer Latzhose zaubert die Haindl aber stattdessen ein kolossal großes Einmachglas, randvoll mit grauem Pulver. Sie drückt dem Fräulein die Urne in die Hand, stößt ein paar regionaltypische Laute der Ermunterung aus und wackelt dann wieder auf ganz kleinen, eiligen Gummistiefelfüßen zurück zu ihrem Auto.

»Ui, Steinmehl«, sagt das Fräulein und dreht das Glas auf. Ich mache dann etwas, das ich nie wieder machen werde. Ich schnüffle am Steinmehl und halte dabei nicht den richtigen Schnüffelsicherheitsabstand. Also ziehe ich eine regelrechte Line. Es fühlt sich an, als hätte in meinem Kopf ein Kalksteinbruch eröffnet. Nicht sehr gut, gar nicht gut, Hilfe! Ich quieke ein bisschen, springe herum und klopfe hektisch auf die Nasenflügel voller Steinmehl. Als Kokainist wäre ich eine echte Schande. Das Fräulein lässt sich von dieser Einlage nicht beeindrucken, sondern fängt an, die Pflänzchen zu bestäuben. Das Steinmehl, so viel haben wir schon gelernt, ist ein wahres Wundermittel. Absolut natürlicher Superdünger, der die Pflanzen abhärtet, den Ertrag steigert, die Gärtner glücklich macht. Kinder und Igel können problemlos trotzdem vom Boden essen, auch wenn damit gedüngt wurde, so bio ist das Steinmehl. Die Optik ist allerdings gewöhnungsbedürftig, über unsere Ackerfurchen ziehen sich weißgraue Schlieren, die Blättchen der Pflanzen sehen aus wie frisch paniert.

»Egal, jetzt brauchen wir nur noch Hornspäne«, sagt das steinmehlgraue Fräulein und klopft sich die Hose ab. Hornspäne gehörten auch zum Mantra der Frau Haindl, ich habe nicht genau verstanden, wie sich die Hornspäne vom Steinmehl unterscheiden, aber irgendwie gehören die beiden Dünger zusammen wie Fix & Foxi. Man bekommt nicht überall Hornspäne, Fräuleins Herr Papa aber möchte ohnehin zum Landhandel fahren und hat versprochen, dort nach Hornmehl, äh, Steinspänen zu fragen.

Vier Feldreihen weiter ist ein Mann zugange, der uns ein wenig unheimlich ist. Er ist sehr alt und sehr dünn und sehr groß, fast wie der Riese bei Twin Peaks. Extrem gerade steht er auf seinem Ackerstreifen und harkt den Boden, mit einer ganz feinen Harke. Er macht das in stoischer Genauigkeit, lockern, hacken und dann wieder aufhäufeln. Solange wir ihn beobachten, kommt er bei seiner Arbeit kaum vom Fleck, immer schiebt er gerade ein paar Kubikzentimeter siebfeiner Erde auf. Nach einer halben Stunde säubert er seine Harke mit einem Tuch aus seiner Hosentasche, setzt sich aufs Fahrrad und fährt sehr aufrecht davon. Wir sind stark beeindruckt von dieser Vorstellung, vor allem angesichts unserer eigenen Furche, die in etwa so fein ist wie der Grand Canyon. Überall ziehen sich Risse und Gräben durch die Erde, es hat seit Tagen nicht mehr geregnet, obwohl doch April ist.

»Der Boden ist wie in dem Film mit der Wüste, wo dann später die Affen durchs Wasser waten.«

»Nur ohne Affen, und ohne Wasser.«

Diese Wasser-Affenszene ist eine der Top-Ten-Fernsehsequenzen von uns beiden. Man sieht, wie nach dem Anbruch der Regenzeit die Wüste überschwemmt wird und die Affen von den Wassermassen sichtlich überrascht und angewidert durchs Wasser staksen, einer hat sogar eine Blume dabei. Vielleicht gefällt es dem Fräulein deswegen so gut.

Der Bauer Hubert hat noch eine Bank aufgestellt, auf der man gut sitzen und sein Tagwerk beschauen kann. Noch ist vom Tagwerk nicht viel zu sehen, nur die Gewächshauseinkäufe der Nachbarn, und weiter oben hat jemand schon aus Weiden ein Bohnenklettergerüst aufgestellt, das jedem Landartkünstler zur Ehre gereichen würde. Ein anderer hat einen eher häuslichen Farn hinter sein Namensschild gepflanzt. Aber gut, wir üben ja alle hier.

Irgendwie ist dem Fräulein und mir noch nach Erfolgserlebnissen, deswegen wollen wir noch Bärlauch ernten gehen. Bärlauch gehört zu den ersten essbaren Naturprodukten, die überhaupt fertig sind, die Knoblauchschwaden, die uns aus dem nahen Wald anwehen, zeugen davon. Auf dem Weg in dieses Bärlauchgebüsch fällt uns allerdings wieder ein, dass wir die letzten Jahre mit dem Bärlauch gar nicht allzu glücklich waren. Das Pesto schmeckte nach ranziger Wiese, deswegen stehen immer noch Gläser davon im Kühlschrank, die inzwischen ziemlich obergärig sein dürften. Die Bärlauchspätzle wurden auch nicht lindgrün sondern zartgrau, und im Salat kauten wir zwar recht engagiert auf den Bärlauchstreifen herum, aber so richtig sinnstiftend war dieses Erlebnis nicht. Es ist eine bittere Wahrheit, aber so romantisch das Bärlauchsuchen ist, sein Nutzen für die Küche wird immer leicht übertrieben dargestellt. Das Gebüsch ist an diesem Samstag trotzdem unerwartet gut besucht. Familienverbände durchpflügen es auf der Suche nach Bärlauch, ausgestattet mit Körben so groß, als handelte es sich dabei um ein Grundnahrungsmittel. Das Suchen geht so: Man zupft ein Blättchen aus dem Waldboden und schnüffelt dann sehr konzentriert daran herum, um es schließlich beseelt zum anderen Knoblauchgrün in den Korb zu legen. Zwischendurch riecht man an seinen Händen oder weist sich gegenseitig auf die tödliche Verwechslungsgefahr mit Maiglöckchen hin. Die Jahr für Jahr steigende Popularität des Bärlauchs ist keinesfalls nur ein Lebensmitteltrend, wie wir ihn etwa auch mit Tiramisu, Balsamico oder Rucola durchstanden haben. Nein, mehr noch als diese trifft der Bärlauch eben ins Mark der neuen Generation der verhinderten Selbstversorger, zu der sich eine urbane Bevölkerungsschicht langsam entwickelt. Selber zu sammeln, regional und bio gewachsen und dann auch noch unter dem Verdacht, ein vergessenes Wildkraut zu sein – der Bärlauch ist so grundgut, beinahe der Dalai Lama unter den Waldbewohnern. Kein Wunder, dass er derart großen Erwartungen in der Küche dann strenggenommen gar nicht standhalten kann, aber da hat er seinen Zweck ja schon halb erfüllt. Glückshormone wurden meist ja bereits genügend im Kombi auf dem Weg zurück in die Stadt verschüttet.

Das wüste Treiben im Wald erleichtert dem lieben Fräulein und mir die Entscheidung, dieses Jahr auf Gläser mit ranzigem Bärlauchpesto zu verzichten. Als Ersatz für die erste Erntefreude schlägt das beloved Weib Veilchen vor, typisch! Für die reicht aber immerhin auch ein sehr kleiner Korb. Ich erfahre, dass man die Veilchenblüten kandieren kann und dann das duftendste, süßeste, marieantoinettemäßigste Fitzelzeug erhält, das man je auf seinen Joghurt gelegt hat. Sagt das Fräulein, und außerdem musste bei Prinzessin Sissi immer ein Veilchenstrauß auf dem Nachttisch stehen, und früher wurde das erste Veilchen noch mit einem eigenen Fest begrüßt. Soso. Heute stampfen leider die Bärlauchgeschwader drüber. Deswegen wohl finden wir im ganzen lichten Gehölz auch nur fünf Veilchen, zu wenig zum Kandieren. Später steht der winzige Strauß in einem Schnapsglas auf dem Küchentisch und duftet veilchenblau – und viel mehr nach Frühling als jedes Bärlauchpesto.

Wir haben übrigens Turbokartoffeln. Ja wirklich, vor zwölf Tagen, als wir die Premiere von »Zwei auf weitem Feld« gaben, hatten wir auf etwa acht Metern Acker Kartoffeln versenkt: richtige »Christa«-Saatkartoffeln vom Viktualienmarkt und dazu noch solche, die bei uns in der Küche liegengeblieben waren und etwas ausarteten – Besitzer von weder dunklen noch kühlen Kartoffelkisten wissen, was gemeint ist. Und jetzt am Sonntag sind schon die ersten grünen Kronen auf der Kartoffelstrecke raus.

»Siehste«, sage ich zum lieben Fräulein, »Gemüse ist dankbarer.«

Bei ihren Blumen ist noch nichts zu sehen, auch sonst

tut sich nur wenig, trotzdem observieren wir jeden Quadratzentimeter sehr genau. Immerhin: Fast überall, wo vorher nur unsichtbare Samen waren, stehen jetzt kleine süße Reihen mit winzigen Pflänzchen oder besser gesagt: Minihalmen. Das sieht nett aus, die viele Erde und ganz obendrauf ein kleiner Hahnenkamm, der irgendwann mal Gelbe Rübn wird. Am weitesten sind die Radieschen, darauf waren wir vorbereitet. Ich weiß nicht, wie oft ich an Radieschen gedacht habe, bevor wir ein Ackerstück pachteten. Ich glaube: nicht sehr oft. Sie waren einfach da, genau wie Waschsalons oder Lottowerbung. Nichtbeachtung war der Status quo zwischen mir und den Radieschen, und das war für beide Seiten durchaus erträglich. Ich habe nie welche gekauft, sie wollten mich nie kaufen. Radieschen sind Zusatzausstattung für Leute, die sonst schon alles in ihrem Gemüsefach haben.

Es gibt im Kochbuch weder Radieschenomelett noch Radieschenragout, deswegen legt man sie allenfalls mit aufgeschlitzten Bäuchen auf einen Tellerrand oder stopft sie angelegentlich eines Picknicks wehrlosen Kindermenschen in den Mund. In meinem Leben war bislang für gezierte Tellerränder und gestopfte Kindermünder noch kein Bedarf. Und für Radieschen damit auch nicht.

Mit dem Acker ist jetzt alles anders. Radieschen haben nämlich den bereits erwähnten Vorzug, der sie für ungeduldige Agrarinvestoren wie uns hochinteressant macht: Sie wachsen schnell. Sie sind das erste richtige Gemüse (Kresse zählt nicht, die wächst sogar auf Rückspiegeln), auf das man überhaupt hoffen darf. Deswegen habe ich in den letzten Tagen an meinem Schreibtisch in der Redaktion und abends vor dem Fernseher sehr oft an die kleinen Kügelchen gedacht, die als Radieschensamen in der Erde verschwunden waren. Ob sie schon …? Dem Fräulein ging es genauso. Diese Spannung hat innerhalb weniger Tage einen Grad erreicht, der unbeteiligten Menschen nicht mehr vermittelbar ist und der uns selbst überraschte. Schließlich haben wir bis in diese ersten Wochen hinein das Projekt Acker immer noch mit jener leicht ironischen Reflexion betrachtet, die uns verdorbenen Städtern und Medienmenschen so ans Knie gewachsen ist. Jederzeit bereit, das eigene Projekt zu veralbern oder sich öffentlichkeitswirksam darüber lustig zu machen. Mit den ersten Sämereien aber, die wir da im fernen Oberbayern zurückließen, mit dem Versprechen, das sie uns in die Hand gegeben haben, als wir sie mit einem Erdedeckchen zudeckten, hat sich das geändert. Wir zählen die Stunden, bis wir sie wieder besuchen dürfen, auf der Fahrt jiepern wir vor uns hin und malen uns Wunsch- und Realo- und Angstszenarien aus, die uns erwarten könnten. So viel und ausdauernd haben wir uns schon lange nicht mehr auf eine einzige Sache konzentriert.

Nun ist so ein Garten, der größtenteils aus Samen entstehen soll, nicht gerade das ideale Hobby für Menschen, die eigentlich zu wenig Zeit für alles haben. Es dauert lange, sehr lange, unvorstellbar endlos. Oder eben: Es dauert ein halbes Jahr. Man muss sich erst mal an die schonungslose Tatsache gewöhnen, dass die Karotten, die man doch dank des Packungsbildchens schon saftig vor Augen hatte, erst in vier Monaten aus der Erde kommen werden. Dass eben dieser Zeitraum erforderlich ist, bis sie fertig sind, egal, wie dringend wir sie eigentlich morgen bräuchten. Wenn es keine Gewächshäuser am Niederrhein, keine Großmarkthallen und LKW-Fahrer gäbe, würde die Menschheit ihre erste Karotte traditionell Ende August zu sich nehmen und vielleicht feiern wie einen Spargel, dem wir seine saisonale Beschränkung als einem der letzten Gemüse überhaupt irgendwie zugestehen. Der Rest aber, von Kopfsalat bis zum, ja, Radieschen, soll bitte immer verfügbar und reif sein.

Nun betreiben das Fräulein und ich unsere Parzelle ja nicht, weil wir unabhängig von der kapitalistischen Versorgungskette sein wollen – wir genießen Letztere auch weiterhin mehr, als unseren Konten lieb ist. Ein ökologisches Dogma haben wir uns ebenfalls nicht auferlegt. Es wäre auch schnell hinfällig, angesichts der zwanzig Autominuten, die wir bis zu unserem Namensschild im Grünen brauchen. Die Ökobilanz ist damit verhagelt, und das verdirbt uns in schwachen Momenten auch ein wenig die Grinserei, schließlich sind wir seit einigen Jahren darauf geeicht, unseren Carbon-Footprint im Hinterkopf mit uns spazieren zu tragen und ihn gelegentlich als Vorwand für dieses oder jenes schmückend vor uns zu halten. Wir beneiden jedenfalls den alten Mann, der mit seinem Fahrrad jeden Tag zum Aufhäufeln vorbeikommen kann, während wir nur eine Wochenendbeziehung mit unserem Saatgut führen dürfen.

Aber wie bei jeder Fernbeziehung ist das Wiedersehen dann umso wilder. Denn wenn wir uns jeden Tag davon überzeugen könnten, dass noch nichts gewachsen ist, hätten wir nie diesen Überdruck an Neugier in unseren Freukesselchen. Der uns die letzten Minuten nach Seefeld vorkommen lässt wie die Minuten früher, kurz bevor das Glöckchen den Zugang ins Weihnachtszimmer einläutete. Weil immer einige Tage vergangen sind, bis wir aufs Feld kommen, hat sich immer was getan, gibt es immer Geschenke für uns. Eigentlich würden wir dringend allen Gartenbesitzern raten, nur einmal die Woche in ihren Garten zu gehen, er ist dann jedes Mal wie neu.

Am dritten Ackerbesuchstag also, es ist warm und dampfig nach der ersten feuchten Woche des Jahres, hat die kahle Erde überall Frisur bekommen, und gleich sieht das ganze Feld einladend aus. Die Radieschen sind tatsächlich am weitesten fortgeschritten, richtig viele Blätter haben sie, leicht herzförmig und appetitlich, und dort, wo ihre Stiele in die Erde wachsen, signalt schon dieses typische Radieschenrot. Auch die Erbsen sind erstaunlich kräftig aus den schrumpeligen Saaterbsen gestartet und schon handlang. Wir improvisieren ihnen aus ein paar Zweigen eine Stehhilfe, da sie etwas filigran im Ostwind baumeln. Eigentlich hatten wir extra eine niedrige Sorte ausgesucht, da wir keine Lust hatten, eine Bambusstellage über die drei Meter Erbsen zu konstruieren, an der sie sich Richtung Sonne hangeln können. Sehr niedrig sehen sie aber schon jetzt nicht mehr aus. Heimlich spitze ich zu einer Ecke unserer Parzelle, wo ich am Ende mein Versuchsfeld mit Frühlingszwiebeln angelegt habe. Das Fräulein gibt diesem Versuch nicht viel Zukunft, weil sie gelesen hat, dass die kleinen Geschwister des Lauchs eigentlich schon im November in die Erde gehören, um dann, klar, im Frühling noch passend zu ihrem Namen fertig zu werden. Ich fürchte, sie hat mal wieder recht, denn das Planquadrat Frühlingszwiebel sieht genauso aus, als hätte es den Ackerbesitzer Max Scharnigg nie gegeben, ein unberührter Flecken Erde. Aber das heißt ja sicherlich noch nichts, kann ja nicht alles Turbokartoffel sein. Die haben ja wie auch die Erbsen irgendwie Heimvorteil, weil sie aus einem so großen eigenen Haus herauswachsen dürfen. Die Samen der Frühlingszwiebel hingegen sehen sehr schwächlich aus.

Noch etwas ist anders bei diesem Besuch. Wir kommen irgendwie nicht vorwärts. Ich schaue zum Fräulein, das zwanzig Meter Luftlinie entfernt, etwa beim Areal der Petersilie, herumsteht und sich auch wie in Zeitlupe bewegt. Grund für diese undynamischen Bewegungsabläufe ist die feuchte Erde, aus der unser Feld heute besteht. Wo vorher unsere Füße in formschönen Gummistiefeln vom Baumarkt waren, schieben sich jetzt zweimal zwei Erdwickel über den Boden. Das sieht komisch aus, beinahe als wären wir Opfer der Mafia, die uns im nahe gelegenen Wörthsee versenken möchte. Etwas konsterniert blicken wir uns an, dann müssen wir über unsere Erdmauken lachen, die noch dazu mit jedem Schritt schwerer werden. Das Lachen lockt eine ältere Frau an, die ein paar Feldreihen weiter oben gewerkelt hat, sie trägt ein grünes Bündel im Arm wie ein Schimpansenbaby. Das wäre Rettich aus Kroatien, ihrer Heimat, sagt sie, wächst besser als alles andere in der Welt, ist schnell, ist gesund, ist gut für Männer. Sie hält ihn uns hin. Wir kriegen Pflanzen geschenkt, noch dazu welche, die deutlich größer sind als unsere bisherigen Streber! Der interkulturelle Rettichtausch rührt uns mächtig und lässt uns darüber hinwegsehen, dass es eigentlich gar keinen freien Meter mehr gibt auf unserem Feld. Also versenken wir den Rettich als Raumtrenner zwischen den einzelnen Abschnitten. Dort hatten wir bisher kleine, schmückende Wälle aus Feldsteinen aufgetürmt, jetzt kommt in das Niemandsland eben noch der kroatische Wunderrettich, auch wenn wir keine Ahnung haben, mit wem er sich verträgt und mit wem nicht.

Auf unserem abschließenden Klumpfußrundgang fällt uns auf, dass zwischen unseren sprießenden Pflänzchen auch welche dabei sind, die verdächtig nach Gras aussehen. Frau Haindl hatte eindringlich davor gewarnt, mit dem Unkrautzupfen zu spät anzufangen. Aber wie sollten wir da jetzt zwischen den filigranen Keimlingen unterscheiden, was gewünschter Teilnehmer und was unerwünschter Wüstling ist? Am Ende würden wir exakt die falschen Kandidaten ausrotten und hätten in zwei Monaten einen herrlich sortenreinen Abschnitt Unkraut.

»Hilft nix, da müssen wir noch warten, bis alles ein bisschen größer ist«, sagt das Fräulein, und wir sind es zufrieden. Die Erdklumpenstiefel will ich am liebsten auf der Wiese neben dem Feld stehen lassen, da würden sie jedenfalls natürlicher aussehen als im Kofferraum. Ich gehöre zwar durchaus zu den Menschen, die von einem Auto nicht viel mehr verlangen, als eine gefügige Maschine zu sein, die von A wie Acker nach B wie Behausung fährt, aber ich kann trotzdem nicht umhin festzustellen, dass mein Auto schon nach drei Touren aufs Land ziemlich leidet. Überall bröselt Erde, kratzen Schaufeln und kullern Samen, die sich aus ihren Samentütchen befreit haben. Jetzt weiß ich, warum Traktoren keinen Kofferraum haben: Das wäre einfach unpraktisch, den immer putzen zu müssen.

Schuhwerk

Es gibt ja eigentlich Schuhe für jeden Anlass, es gibt Watschuhe für Angler und Arztschuhe für Ärzte, es gibt Kinderschuhe, in denen zum Beispiel die Idee vom Weltfrieden noch steckt, und es gibt Stöckelschuhe für feine Damen. Für Ackerstreifenhörnchen wie uns gibt es allerdings keine Spezialschuhe. Deswegen trugen wir im Verlauf des Jahres so ziemlich alles, von barfuß bis zu den rahmengenähten Budapestern, die ich bei einem spontanen Ackerbesuch nach einer Familienfeier ins Feld schleifte. Diese beiden Extreme sind keinesfalls zur Nachahmung empfohlen. Das barfüßige Herumwandeln auf Gottes blanker Erde mag zwar Tradition haben, es war aber nicht besonders zweckdienlich, dass wir dabei ständig auf spitzen Steinen herumstanden, uns gegenseitig mit der Unkrauthacke auf den großen Zeh hackten und wir gelegentlich in etwas Organisches traten, das keine Pflanze war.

Im Grunde sehnten wir uns nach diesen unförmigen Gartenclogs, die Besitzerinnen von englischen Rosengärten vor der Tür stehen haben, in die man bequem raus- und wieder reinkommt und die man am Ende des Jahres mit einem Hochdruckstrahlgerät reinigen kann. Aber irgendwie liefen uns solche nie über den Weg, oder wir standen beim Probelaufen im Geschäft schon nach drei Schritten ohne Clogs da – es schien, dass unsere Stadtfüße zu schmal oder feingliedrig waren, um in den Monoblockdingern dauerhaften zu bleiben. Und wir mussten auf dem Feldstreifen ja lange Strecken zurücklegen, mit ein bisschen Schlurfen war es da nicht getan. Deswegen hatten wir die meiste Zeit unsere Baumarktgummistiefel im Einsatz. Die sind ja prinzipiell eine ehrliche Sache, sieht man mal vom mangelnden Fußbett und -klima und ihrem Gewicht ab, wenn sich das Gummiprofil mit feuchter Erde zugelaufen hat. Das wirkliche Problem war der Stiefeltransport und die Anziehlogistik. Ich weiß nicht, wie oft wir auf einem Bein hüpfend halb in den Stiefeln, halb im nassen Gras ums Auto herumtanzten. Ich weiß nicht, wie oft die Stiefel schlammig und nass im Kofferraum umkippten und sich damit als Fracht äußerst unbeliebt machten. Und wie hübsch sie sind, wenn sie in diesem Zustand drei Tage im Auto gebacken werden und dann felsenhart wieder an die Füße wandern sollen! Ich verstehe, warum Jäger Schmutzwannen hinten im Kofferraum haben; nicht nur für die armen Rehe, sondern auch für nasse Stiefel wäre so etwas optimal. Außerdem wünsche ich mir einen mobilen Stiefelknecht und einen Schuhlöffel, aber derartiges Spezialgerät blieb uns bis zum Schluss versagt. Eine astreine Gartenschuhempfehlung können wir an dieser Stelle also nicht geben. Höchstens: Legen Sie sich Wege durch ihren Garten, wenn sie normales Schuhwerk anbehalten wollen. Oder schrauben sie sich ein Raupenfahrwerk an die Füße.

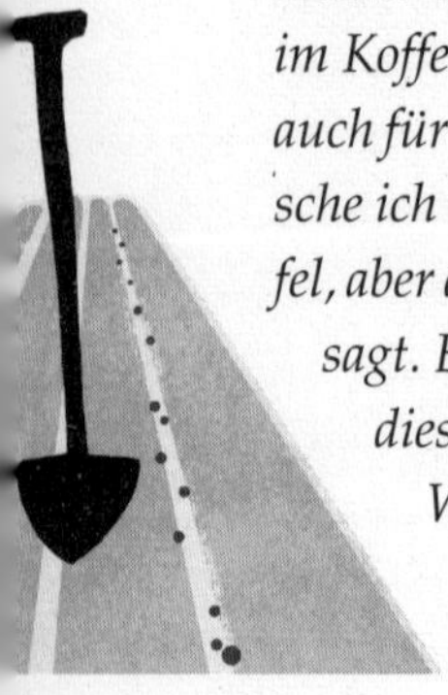

Mai

Nach einem guten Monat mit Landleben in unserem Leben haben sich die Vorbereitungen für die wöchentliche Ausfahrt am Samstag schon gut eingespielt. Wir besitzen jetzt zwei große IKEA-Tüten, die zum Transport von Ackerwerkzeug eigentlich ziemlich ungeeignet sind, aber es mangelt uns an Alternativen. Dahinein werfen wir alles, von Sonnenhut bis Pflaster, von Trinkflasche und Steinmehl über Brotzeit und Gartenbuch bis Edding zum Beschriften und, ja, auch schon mal ein klitzekleines Weidenkörbchen, falls es zufällig was zu ernten gäbe. Das können wir ja wirklich kaum erwarten. Unsere Freunde auch nicht. Wir haben unseren engeren Bekanntenkreis mittlerweile behutsam davon in Kenntnis gesetzt, dass wir jetzt eine Wochenendbeziehung mit einem Stückchen Land führen. Die Nachbarn im Haus fingen auch schon an zu fragen, als wir ihnen zum dritten Mal im Treppenhaus mit Händen entgegenkamen, die aussahen, als hätten wir uns in die Stadt zurückgegraben! Nicht nur unsere ständig schmutzigen Finger erleichtern uns das zwischenmenschliche Knüpfen und Weben nicht gerade. Nein, wir überfordern viele unserer liebenswerten, aber eben doch urbanen Zeitgenossen mit der Kunde von der Ackerpacht. Die meisten, denen ich davon erzähle, sind schon mit der U-Bahn-Monatskarte in der Hand auf die Welt gekommen. Die haben Großstadt als Hobby, und wenn sie ihrer Katze einen Namen geben müssen, dann nennen sie sie »Asphalt«. Sie reagieren deshalb verstört auf die Nachricht, dass sie jemanden aus ihren Reihen an das Gegenteil, an Naturerde, verloren haben. Weil wir aber nun mal mit diesen Menschen befreundet sind und uns bisher ordentlich betragen haben, ringen sie ganz rührend um Verständnis: Sie sagen erst mal lieber nichts, sondern bemühen sich nur, interessiert zu gucken. Danach fällt ihnen aber immer noch nichts dazu ein, außer: »Och toll, echt jetzt, so richtig mit, äh, Gummihandschuhen?« Und dazu machen sie die weltweit verständliche Geste für Gummihandschuhe. Diese Ratlosigkeit kommt daher, dass die meisten einfach noch nie gehört haben, dass man ein Stück Ackerland pachten kann, ohne mit einem Landwirt in direkter Erbfolge zu stehen. Es ist schlicht noch nicht so ein Allerweltsthema wie H&M-Jeans oder Sushi, wo jeder eine fertige Meinung in der Meinungstiefkühltruhe hat, die man nur noch im Mund warm machen muss.

Nach der großen Sprachlosigkeit teilen sich die Menschen in zwei Lager. Die einen erzählen von ihren Tomaten, die im legendären Sommer von 2002 am Balkon nix geworden sind. Die anderen erzählen von ihrem zweiten Staatsexamen, das demnächst ansteht. Die halten es also für ratsam, nicht weiter auf die irritierende Ackerthematik einzugehen.

Meine eloquente Eröffnung »Wir haben jetzt einen Acker!« retournierte mein eleganter Freund Jakob zum Beispiel mit der Frage »Akka? Ist das diese braunschwarze Hunderasse, die man vor Schlitten mit Verletzten hintendrauf spannt?« Nach der Andeutung, es handele sich eher um jene braunschwarzen Flächen, die gelegentlich neben der Autobahn zu sehen sind, machte sich Jakob hirnmalmend auf die Suche nach einer möglichen Fortsetzung dieser komplizierten Eröffnung.

Er fand keine. Stattdessen sagte er: »Du bist aber schon noch mit dem lieben Fräulein zusammen?« In seiner Stimme schwang deutlich die Sorge mit, ich würde auf galoppierender Geistesschwäche in den Sonnenuntergang reiten und mein Leben, wie es war, zwanghaft über den Haufen werfen. Biere und Schnitzel waren nötig, um ihm erst mal den Zusammenhang von Landwirtschaft und Speisekarte ins metrogepolte Gehirn zurückzurufen. »Ja, stimmt, Kartoffeln!«, sagte er und hob andächtig eine Pommes vom Tellerrand hoch.

Weiterer Biere und eines Aschenbechers (als Sonnenmodell!) bedurfte es, um dem genialen Werbetexter die Beziehung von Jahreszeiten und Wachstum wieder begreiflich zu machen. Langsam spielte um seine zynisch-verstärkten Mundfalten ein weicherer Zug, immer gebannter lauschte er meiner Schilderung von

Zwergradieschen und lehmverklumpten Mädchenfüßen, von Morgentau auf zartem Unkraut und unserer Freude über kroatische Rettiche. Richtig eifrig nickte er. »Genau, genau!«, rief er »Mit dem ganzen Naturzeugs ist es also wie bei Mon Chéri, das gibt es auch nicht immer, das hat ja auch eine bestimme Saison!« Ich blockte diese katastrophale Einlassung mit jenem stoischen Nichtverhalten ab, das ich mir bei unseren Paprikapflanzen auf dem Feld abgeschaut habe. Die verharren nämlich seit exakt fünf Woche in einer Schockstarre, sie atmen nicht mal, glotzen nur stumpf auf den Boden. Ich habe sie extra zwanzig Minuten beobachtet letztes Mal.

»So weit, so gut«, sagte Jakob zum Abschluss, da war ich schon ziemlich erschöpft. »Erdbeeren sind also nur zu einer bestimmten Zeit reif, und Erbsen und Möhrchen extrafein wachsen nicht am selben Busch. Habe ich ja jetzt kapiert. Aber eines habe ich noch nicht kapiert. Warum, zur Hölle, interessiert dich das? Ich meine, ganz ehrlich, was hast du davon?«

Ich bestellte Schnaps.

Seine Frage hängt mir aber noch lange nach. Ich hoffe, dass ich sie bei unserem nächsten Treffen mit einem ganzen Erntekorb voll guter Argumente beantworten kann. Denn momentan ist unsere Euphorie ein bisschen aus dem Takt gekommen, seit vier Wochen beackern wir die Landschaft und könnten langsam mal ein kleines Erfolgserlebnis brauchen. Am besten irgendetwas Vorzeigbares, denn die ganze Stadt liegt im Spargelwahn, und wir müssen schon ständig die neugierigen Nachbarn vertrösten, die darauf warten, dass wir ihnen die weißen Stangen ins Haus liefern oder sie uns zumindest im Treppenhaus »zufällig« vom Stapel fallen.

»Kein Spargel«, sagen wir und erklären langatmig, wann Spargel gepflanzt und wie speziell er aufgezogen werden muss und dass er damit nicht in Frage kommt für unseren DIY-Anbau in Seefeld von April bis November. Aber das interessiert die hungrigen Nachbarn gar nicht, enttäuscht fragen sie stattdessen ein »Aber Erdbeeren schon, oder?« und spitzen die Mündlein. Wir müssen wieder das Zonk-Geräusch machen, Erdbeeren, liebe Nachbarn, ließen sich zwar theoretisch als fertige Pflanzen in unserem Acker aussetzen, aber das ist uns zu teuer und zu mühsam. Um die Erdbeerkuchenmanie der engsten Verwandtschaft zu unterstützen, bräuchten wir schon einen ganzen Bifang voller Erdbeerstauden – und wohin damit dann, nachdem sie abgeerntet sind? In die Küchenschublade? Also, keine Erdbeeren, auch wenn das liebe Fräulein seit jeher eine große Sympathie für die alte Erdbeersorte Mieze Schindler hegt, nur wegen des Namens natürlich und weil der Erdbeerzüchter Herr Schindler sie nach seiner Frau benannt hat, die vermutlich genauso süß war wie die kleinen Erdbeeren.

»Ich möcht' auch Mieze heißen«, schmollt das Fräulein manchmal, wenn ihr danach ist. Dann nimmt sie mir das Versprechen ab, sie immer dienstags und donnerstags Mieze zu nennen, was ich natürlich gerne gebe, aber sofort vergesse.

Obstanbau also findet nicht statt auf dem Feld. Ich finde das gar nicht schlimm, ich gehöre nicht zu den Menschen, die ständig zwischendurch einen Apfel oder eine Mandarine aus ihrer Tasche zaubern und dann selbstzufrieden darauf herumkauen. Bananen mag ich, auch Mangos. Aber ich vergesse immer, sie einzukaufen, weil ich mir einfach keine Gelegenheit denken kann, bei der ich am Tisch sitze und denke: »Jetzt eine Mango, hab ich einen Mangoschmacht.« Kommt nie vor. Vielleicht bin ich auch obstkuchengeschädigt. In der Zeit jedenfalls, in der ich noch in der Kindergeburtstagsszene aktiv war, war es unter Müttern modern, Obstkuchen beizusteuern. Dazu kauften sie diesen fertigen Tortenboden, den es damals an jeder Bushaltestelle zu kaufen gab, legten obendrauf Obst und zwar mit Vorliebe Pfirsiche aus der Dose, dann Bananen in Scheiben und eventuell noch Erdbeeren, wegen der Farbe. Das ganze wurde dann mit rotem Tortenguss übergossen und erstarrte zu einem schrillen Obstaspik mit Biskuitboden. Die Mütter jubilierten, wenn eine den dritten Obstkuchen beim Grillfest auspackte, wir Kinder mussten literweise den Saft aus den Pfirsichkonserven trinken, und alles war sehr praktisch, wegen der Dosen und weil man nichts backen musste. Diese Obstkuchenschwemme meiner Kindheit wurde dann abgelöst von einer Tiramisuschwemme, als nämlich Bella Italia einzog in die praktische Küche der Mamas.

Was ich an Obst aber wirklich mag, ist das Ernten. Es ist glamouröser als die Ernte von ollem Erdgemüse. Ich klettere auf Kirschbäume, wenn man mir welche gibt, fische mit zwölf Meter langen Apfelkeschern in den Kronen von zwei Meter hohen Apfelbäumen herum, ich sammle Walderdbeeren, bis ein ganzer Fingerhut voll ist, und krieche mit Begeisterung durch die Himbeeren. Deswegen fände ich es wirklich sehr gut, wenn zu jedem unserer Streifen Ackerland auch ein Apfelbaum gehören würde, dem ich mich im Herbst mit eindeutigen Absichten nähern könnte. Es gibt wirklich kaum etwas Besseres für die Work-Life-Obst-Balance, als einen Weidenkorb voller roter, selbstgepflückter Äpfel durch die Landschaft zu tragen und ihn schließlich einem lieben Fräulein zu geben, das daraus Apfelkuchen macht. Ohne Tortenguss, aber es ist ja auch nicht mehr Kindergeburtstag.

Ehe ich es vergesse: Es gibt natürlich auch andere, konstruktivere Reaktionen aus unserem Freundeskreis. Vorwiegend kommen sie von Frauen, die gerade selber erfolgreich dabei waren, am Baum des Lebens reiche Ernte einzufahren. Die jungen Mütter lauschen melancholisch säugend in unserer Küche, wenn das liebe Fräulein vom verheißungsvoll frischen Grün der Karotten erzählt. Sie ergehen sich in Postschwangerschaftsseufzern, wenn ich über die Freude am Heranwachsen doziere, über das Gefühl, auf dem Acker angekommen zu sein, das Richtige gemacht zu haben und unbedingt noch einen zweiten zu wollen, sobald der erste laufen kann. Ja, das kennen sie, das alles ist ihnen so nah.

Und dann, wenn wir alles expressionistisch beschrieben haben, dann klemmen sich diese Frauen ihr überreifes Kind unter die wellige Achsel und fragen mit allerbester Johannes-B.-Kerner-Skepsis: »Aber ist das denn da bei euch, auf eurem Feld, überhaupt alles b-i-o? Wir essen nämlich nur b-i-o.«

An diesem Punkt der Unterhaltung werfe ich die wunderbare Ausgeglichenheit, die ich bei der Arbeit in der Natur schon erlangt habe, über Bord: »Olle Säugemutter!«, rufe ich erzürnt. »Wozu erzählen wir dir endlos lang von unserer Ackerarbeit, von handgezogenen, mundbemalten, geliebkosten und umhegten Pflanzen? Natürlich sind die b-i-o! Die sind mehr b-i-o als das, was da auf deinem Arm vor sich hin ruckelt, die sind so was von b-i-o, da kannste deine biologische Uhr nach stellen, ticketacketicketacke …«

Dann hat mich das liebe Fräulein schon in mein Zimmer gezerrt, wo ich mich austoben soll, und erst dann darf ich wieder zu den Erwachsenen in die Küche zurück. Aber: Ist doch wahr!

Also, wie gesagt, so ein Acker, der macht das Zwischenmenschliche nicht unbedingt einfacher. Das gilt auch dann, wenn das Fräulein und ich uns über das Wetter unterhalten, was wir derzeit leidenschaftlich gerne tun. Aber das Wetter gilt für andere ja nicht gerade als Pralinenfüllung eines Gesprächs. Davon ausgenommen sind nur Meteorologenstammtische und eben neuerdings die Telefonate zwischen mir und dem lieben Fräulein. Wir können dabei in zwei Minuten achtundzwanzig mal die Wörter »Wachswetter« und »Landregen« sagen, ohne dass wir uns unwohl fühlen.

Landregen kennt jeder, und Wachswetter geht so: Es muss erst auf unseren Acker regnen, und zwar nicht zu schwach und zu kurz, aber auch nicht zu lang und zu feste. Dann muss übergangslos die Sonne scheinen, aber nicht zu stark und nicht zu gelb, und die restliche Zeit über soll es bitte so sein wie im Nilpferdhaus in Hellabrunn: warm und feucht. Letzte Woche war oft Wachswetter, das können meine Unterhemden bestätigen. Deshalb fahren wir an diesem Samstag mit einer Vorfreude zum Acker, die es locker mit einer Kinderreisegruppe Richtung Euro-Disney aufnehmen kann. Die meisten unserer ausgebrachten Sämereien waren jetzt seit mindestens fünfundzwanzig Tagen in der Erde, schon letzte Woche hatte allenthalben ein handlanges neues Erdenpflanzerl rausgeschaut, so erwarteten wir für heute wenigstens eine grüne Hölle feat. fertige Brotzeitradieschen.

Während ich auf der Kofferraumkante noch mit einem feindseligen Vakuum in meinen Gummistiefeln kämpfe, macht das liebe Fräulein schon Geräusche von unserer Parzelle her. Die Geräusche sind solche aus dem »Oweih«-Regal und eher nicht aus der »Hurra«-Abteilung. Erst halb in den Stiefeln, latsche ich alarmiert zu ihr ins Feld und finde mich in einem Chlorophyllgemetzel wieder: Zarte Salatblättchen, feine Radieschenstrünke, die filigranen Paprika, die ich mit der Hemdbrust am Fensterbrett aufgezogen habe – alle sind sie zerfetzt und verstümmelt, liegen, kaum der harten Erde entsprungen, schon wieder danieder. Nur das Kartoffelgrün hält sich einigermaßen aufrecht, der Rest unserer hundert Meter Acker ist zerzaust und unfein. Uns ist ganz weinerlich. Was war passiert? Sind Schnecken, Rehe oder agrophobe Jugendbanden übers Land gezogen?

Drei Furchen weiter sind Ackernachbarn angekommen, sie hieven mehrere Paletten neuer Gärtnerpflänzchen Richtung Muttererde und bringen mürrisch Klarheit in unser Unglück: Hagel. Ein kleiner Freitagshagel um dreiviertel vier hat das ganze Feld hingerafft. Blöde, aggressive Natur! Allerdings haben wir offenbar noch Glück, bei den Pflänzchenfanatikern, die schon fertige Salatplantagen und Kohlrabireihen gepflanzt hatten, ist noch deutlich mehr kaputt. Unsere Saat war überwiegend noch so klein, dass der Hagel sie gar nicht richtig demolieren konnte. Trotzdem ist jetzt seelsorgerische Erstversorgung gefragt. Wir streicheln und beruhigen Zucchinipflänzchen, loben die Minipetersilie und hindern die schreckhaften Dill und Kamille daran, panisch das Feld zu verlassen. Von Unkraut ist übrigens immer noch keine richtige Spur zu entdecken, Frau Haindl hatte ja angekündigt, dass uns das Unkraut jetzt schon während des Jätens in die Socken wachsen würde, so schnell breite es sich aus. Bis jetzt haben wir erst genau zwei unerwünschte Grashalme entfernt und auf der angrenzenden Wiese wieder ausgesetzt.

Der Abschied ist diesmal verzagt. Was, wenn statt »Wachswetter« wieder nur »Rowdywetter« angesagt ist? Welchen Sinn ergibt denn das ganze Hegen und Pflegen, wenn schon morgen alles wieder hin ist? Wir bestäuben unsere Pflänzchen noch mal fürsorglich mit Steinmehl, das ja nicht einfach nur düngen, sondern zusätzlich auch noch vor allen himmlischen Gefahren schützen soll, und empfehlen uns wieder Richtung Schwabing. Im Auto mache ich das Radio an. Ich vermute, kein Wetterbericht in der Geschichte des Bayerischen Rundfunks wurde aufmerksamer gehört als der, der da gerade kommt. Unsere Interpretationen der Worte »wechselhafte Aussichten, abends am Alpenrand Gewitterneigung« ziehen sich jedenfalls bis tief in die Nacht.

Zu unserem neuen Interesse am Wetter hatte sich also auch noch die Furcht gesellt, und die wurde nicht erst durch den Hagel angestachelt. Die Eisheiligen begleiten uns, seit wir die ersten Schaufelstiche machten. Meine Mutter ist eine Apostelin der Eisheiligen, sie schafft es meisterhaft, das Wort zu raunen und uns dann so eindringlich und ernst anzusehen, dass uns tatsächlich ganz kalt um die Gehörknöchelchen wird. Wann immer ich ihr von unseren Fortschritten auf dem Feld berichte, wispert sie: »Aber die Eisheiligen waren doch noch gar nicht.« Ein richtiger Gesprächskiller sind die doofen Eisheiligen, die ich ehrlich gesagt komplett vergessen hatte.

Es mag manche bestürzen, aber in der Stadt spielen diese kalten Tage keine allzu große Rolle mehr, man kann heutige Schwabinger Kinder jedenfalls nicht damit erschrecken, wenn man sagt, die Eisheiligen stünden vor der Tür. Die denken dann höchstens, es gäbe gleich Spaghettieis.

Ich finde es auch einigermaßen altmodisch, sich vor den Eisheiligen zu fürchten, aber da wir mit unserem neugeborenen Acker für jede Sorge besonders anfällig sind, fürchten wir uns vorsichtshalber sehr vor den Eisheiligen. Ich gebe es nicht zu, aber ich habe sogar mal bei eBay nachgesehen, was diese Heizpilze kosten, die vor jeder Pizzeria stehen, damit die Gäste auch im November noch im Polohemd und draußen ihren Aperol trinken können. Vielleicht kann man sich für die Eisheiligen welche leihen?

Meine Mutter hat aber noch mehr auf Lager. Als sie merkt, dass wir uns mit der Angst vor Eisheiligen arrangiert haben, flüstert sie eines Abends: »Oh, die Kalte Sophie, die macht den Bauern das Leben schwer, ja ja.« Ehrlich, meine Mutter könnte jederzeit die Kassandra spielen, wenn statt der Oberammergauer Passionsspiele der Trojanische Krieg geprobt würde. »Es gibt eine Kalte

Sophie«, sage ich danach zum Fräulein, »die macht den Bauern das Leben schwer.« Wir seufzen über die meteorologische Willkürherrschaft, wie schon lange nicht mehr in einer Zweieinhalbzimmerwohnung im zweiten Stock über die meteorologische Willkürherrschaft geseufzt wurde. Eine sogenannte Schafskälte soll auch noch kommen, das hat das Fräulein in Erfahrung gebracht. Drei Termine, die unseren zarten Trieben den Garaus machen wollen. Drei, von denen doch mindestens einer eintreten wird.

»Wurscht«, sagt das Fräulein schließlich und verkündet dann die einzig wahre Bauernregel, die es in Sachen Wetter zu sagen gibt: »Mir können eh nix ändern.«

Um uns vom Hagelschreck abzulenken, halten das Fräulein und ich es am nächsten Tag für angebracht, den Botanischen Garten aufzusuchen. Wer weiß, vielleicht können wir den dortigen Gärtnern ja hie und da beratend zur Seite stehen.

Es ist verblüffend, was da schon alles blüht und reift. Der gesamte Biogartenbuchkalender müsste neu geschrieben werden, wenn es nach dem unangenehm streberhaften Botanischen Garten in München ginge. Melonen und Walderdbeeren, alte Zwetschge und neuer Flieder stehen bunt durcheinander, und wir können beobachten, wie reihenweise ehrwürdige Biologielehrer von naseweisen Schülern korrigiert werden: »Aber Herr Schlütten, diese Äpfel sehen doch schon sehr reif aus! Herr Schlütten, hier ein Blumenstrauß, Sie mögen doch Schneeglöckchen und Sonnenblumen, haben Sie gesagt!« Die dargebotenen Beete strotzen jedenfalls derart vor Blumen und Gekräut, dass jeder Vergleich mit der real existierenden Natur auf unserem Feld unzulässig ist. Die müssen doch im Gewächshaus den ganzen Winter tropisch eingeheizt haben, um diese Fülle bieten zu können! Vielleicht sind wir aber nur ein bisschen übersensibel und reagieren auf jede Blüte allergisch – das Fräulein zudem besonders auf Lindenpollen.

Natürlich ist das alles aber auch sehr lehrreich, was die Profis da aufbieten. Besonders angetan sind wir von der Abteilung »Ackerunkräuter«, die in einer eher ruhigen Ecke des Geländes aufgebaut ist. Wir erhoffen uns dort Klarheit in der schwierigen Abschiebepolitik uns unbekannter Pflanzen, die sich laut Frau Haindl ja demnächst auf unseren Reihen breitmachen werden. Während ich die lateinischen Unkrautnamen dekliniere, staut sich im seitlich angehängten Fräulein ein beachtlicher Schmollmund an, was ich daran merke, dass sie gar nichts mehr sagt. Meine höfliche Nachfrage, was es wohl mit dem düsteren Gewitterkind auf sich hätte, wird beiläufig bemurmelt: Es gebe hier offensichtlich einige Überschneidungen zwischen ihren prächtigen Blumensaaten auf unserem Acker und den von diesen botanischen Unglücksgärtnern fälschlich als

Unkräutern ausgestellten, in echt aber sehr, sehr schönen Blumen. Kamille und Mohn zum Beispiel, die ich im Angesicht meines Schweißes ausgesät, festgedrückt und angefeuchtet hatte, stehen ausgestattet mit den Attributen »anspruchslos« und »weit verbreitet« direkt vor uns im Feld der Unkräuter. »Meiner ist aber gefüllt«, brummelt das Fräulein, und wir verlassen diesen Ort der falschen Erbauung.

Falls Sie es noch nicht geahnt haben, lieber Leser, sei es hier einmal bestätigt: Der Besitz einer Ackerfurche begünstigt das Zusammentreffen mit exzentrischen Zeitgenossen. Wir kennen jetzt schon die resolute Frau Haindl, den geheimnisvollen alten Mann, der immer ein absolut akkurat ausgemessenes Stück Feld beharkt, und die wilde Madame, die mit ihren kroatischen Rettichen hausieren geht. Das ganze Amateurfeld hat übrigens inzwischen ihre Rüben verehrt bekommen und eingepflanzt. Falls in hundert Jahren also ganz Bayern von kroatischen Rettichfliegen kahlgefressen wird, wissen unsere Nachkommen dank dieser Notizen, wo der Schrecken seinen Anfang nahm.

Es gibt aber noch weitaus zwielichtigere Gestalten kennenzulernen, zum Beispiel Erdflöhe. Unser ganzer Radieschen- und Rübenkindergarten hat neuerdings Erdflöhe, das erkennt man an vielen kleinen Löchern in den kleinen Blättern. Noch bevor irgendwas zu ernten wäre, sind die Dinger schon befallen, das ist in etwa so, als würde man einen Geldtransporter schon auf dem Weg zum ersten Kunden ausrauben. Jedenfalls: Auf weiße Kohlfliegen und gelbe Mangoldmaden waren wir vorbereitet, aber die Erdflöhe hatten wir in unserem strategischen Abwehrplan irgendwie übersehen.

»Flöhe? Was wollen die Flöhe? Flöhe reiten doch nur auf Hunden und Vierjährigen!«, heule ich nach unserem Ackerbesuch im Flur, weil das der einzige Raum ist, wo keine Fenster offen stehen. Das liebe Fräulein liest melodramatisch aus dem Biogartenbuch vor: »Bei Trockenheit beste Erdflohvermehrung«.

Ein Satz wie eine Abrissbirne. Es stimmt, der Ackerboden war diesmal trocken gewesen wie alter Panettone, den man zum Namenstag geschenkt bekommt. Es hat die letzten Tage viel zu wenig geregnet, und die Erdflöhe hatten deswegen vermutlich unentwegt Erdflohsex – auf unseren Rettichblättern! Als Abhilfe empfiehlt das Biogartenbuch nun das Verspritzen von Wermut- oder Rainfarnbrühe, direkt in die Augen der Erdflöhe. Die Namen dieser beiden Brühzutaten erzeugen in meinem Gehirn einen dichten, grauen Nebel – aber gar nicht mal unangenehm. Nach einigem Spazieren in diesem grauen Nichts meine ich mich immerhin zu erinnern, dass es an der B12 Richtung Passau mal ein Dorf gab, das Rainfarn hieß. Wermut kenne ich von der Hausbar, die seit Jahren vor sich und uns hinstaubt, aber das Fräulein winkt ab, als ich den ollen Rest anschleppe. Es gäbe auch frischen Wermut, der wäre hier gemeint. Hm. Bevor wir richtig verdrießlich werden, hat der Himmel ein Einsehen und fängt an zu tröpfeln, dann zu stricheln, und schließlich pladdert es ganz ordentlich. Der Wetterbericht gibt eine Hochwasserwarnung für Oberbayern raus, und wir zwei rasen jubelnd durch die Bude. Wir denken dabei nicht an Sandsäcke, sondern füllen im Gegensatz die hämischen Lachsäcke: Haha! Es ist die Vorstellung gänzlich abgetörnter Erdflöhe, die uns so erheitert. Die haben bei so einem Wetter doch nicht mal mehr Bock auf Schmusen, geschweige denn auf mehr! Und deswegen sind wir guter Hoffnung, beim nächsten Besuch endlich die erfolgreiche Bergung des ersten selbstgemachten Radieschens dokumentieren zu können. Bis dahin feiern wir das Ende der Erdflohorgie mit dem letzten Wermut, und das Fräulein gibt ein paar alte Gärtnergesänge zum Besten, die sie in einem bayerischen Gartenkalender von anno Milzwurscht ausgegraben hat. Da sind richtige Mitgrölsongs dabei, zum Beispiel:

»Auf den Juni kommt es an,
wenn die Ernte soll bestahn,
nicht zu nass und nicht zu schwül,
nicht zu trocken nicht zu kühl!« – *Und jetzt alle!*

Ich will an dieser interessanten Stelle nicht verhehlen, dass wir bei unseren Ackernachbarn ebenfalls heimlich nach Anzeichen von Erdflöhen und sonstigen Pannen Ausschau gehalten haben. Obwohl Gärtnern das friedlichste Hobby der Welt ist – solange man Gärtner ist und kein Schädling –, trägt die parzellenartige Aufteilung unseres Ackers bei Seefeld doch dazu bei, eine gewisse Konkurrenz zu fördern. Es geht gar nicht anders, als einen Blick zu riskieren, wenn man seine eigenen Reihen inspiziert, schließlich hängen die Kirschen in Nachbars Garten gleich nebenan. Und ja, bei den anderen ist es immer irgendwie grüner. Zum einen sprichwörtlich, da gibt es wie gesagt solche, die eine ganze Ackerreihe mit wunderbaren fertigen Zöglingen aus der Gärtnerei bepflanzt haben, kerzengerade und in einem Abstand, auf den jede Militärkapelle neidisch wäre. Wieder andere, zum Beispiel unsere Nachbarn linkerhand, scheinen das Ackerintermezzo rein nahrungsergänzend und rational einordnen zu können, im Gegensatz zur romantischen Verklärung des Fräuleins und mir. Die pflanzen eine Reihe Kohl, eine Reihe Zwiebeln, eine Reihe Kartoffeln und eine Reihe Bohnen. Fertig. Ich bin ein bisschen neidisch auf diese Schlichtheit, weil ich mir vorstelle, dass diese konzentrierten Menschen mit nur vier Saatbeuteln ans Feld gekommen sind, während in unserer Transport-IKEA-Tüte 1 mittlerweile ein fürchterliches Durcheinander aus Samen, aufgerissenen Tütchen, Beschriftungsschildchen und idealen Pflanzpartnerschaften, festgehalten in Mädchenschrift, durcheinanderfliegt. Natürlich ist das nicht die offizielle Meinung, die bei uns über diese Felder herrscht, die bewegt sich eher in

Richtung: Ist doch langweilig, kann doch jeder. Unser Acker ist dagegen ein derartiges Wunderwerk der Schöpfung, dass die Kreationisten aus Kansas demnächst eine Abordnung vorbeischicken werden. »Wie eine gute Wohnungseinrichtung«, hatte das Fräulein einmal angesichts ihres Plans festgestellt. »Altes und Modernes zusammen, Verrücktes und Vernünftiges, Buntes, Traditionelles und Dinge, die man noch nie gesehen hat.«

Momentan aber ist von diesem Kessel Buntes noch nicht allzu viel zu sehen, und einige Felder hängen uns deutlich ab, vor allem hinsichtlich der Ordnung auf den Wegen und unter den Pflanzreihen. Wir hatten beobachtet, wie manche an einer gespannten Schnur entlang einsäten, und das damals als deutlich manieriert und wortwörtlich überspannt abgetan. Jetzt aber stehen diese Pflänzchen stramm und gerade, während sich bei uns vieles eher so in Grüppchen in die Ecken drückt wie Schüler auf dem Pausenhof. Das Feld des alten Herrn mit seiner Harke ist natürlich ein Muster an Präzision. Es wirkt, als würden seine Pflanzen in ganz anderer Erde wachsen, so feinkörnig und frei von Steinen und Unkraut sind seine Quadratmeter. Und er hat sogar Blumen, messerscharfe Gladiolenblätter stechen aus der Erde wie Schwerter auf einem Wappen. Irgendwie rührt mich diese Entdeckung, der Achtzigjährige der hier jeden Tag zweimal (das hatte uns das Frauchen der kroatischen Rettiche gesteckt) nach dem Rechten sieht und sich zu seinen Kohlrabi und Wirsingköpfen auch noch Gladiolen wünschte – da fehlt doch nur noch die Filmmusik.

Das ist also unsere nähere Konkurrenz; was die weiter oben treiben, davon überzeugen wir uns bei ausgedehnten Erkundungsrundgängen. Im Grunde ist es mit den fünfzehn Parteien auf dem Feld wie mit fünfzehn Parteien in einem Mietshaus. Es gibt immer mindestens einen, über den man sich nichts Gutes erzählt, das ist beim Acker die Parzelle, die schon jetzt völlig zugewuchert erscheint, offenbar hat da noch niemand etwas gemacht.

Dann gibt es die vielen Normalos, dann diejenigen, die etwas mehr Platz brauchen, als ihnen zusteht, und deswegen eine Schuhkommode und einen Garderobenständer ins Treppenhaus stellen. Auf dem Acker sind das diejenigen, die über ihren Bohnen ein monströses Gerüst aus Maschendrahtzaun und Holzpfosten errichtet haben, das natürlich weit in die nächste Reihe reicht. Es gibt die, die sich um nichts scheren und ihr ganzes Gartenwerkzeug und die Gartenschuhe einfach im Feld stehen lassen, und es gibt die Esoteriker, in diesem Fall daran erkennbar, dass sie ihr Namensschild mit Fingerfarben verschönert und allerlei asiatische Klangkunstwerke auf ihrem Feld stehen haben. Da hängen Steine mit Löchern an Schnüren, die bei Wind gegen kleine Bronzepailletten scheppern, und Dinge, die wie getöpferte und buntglasierte Zwergenmützen aussehen. »Für die Ohrwürmer, denen werden nämlich die natürlichen Unterstände geraubt, und das sind große Nützlinge«, klärt mich eine der beiden Frauen auf, die für diesen lebensbejahenden Abschnitt des Feldes verantwortlich zeichnen. Beziehungsweise töpfern.

Alles in allem aber ist es ein schönes Feld, das jeder nach bestem Können und Wissen bestellt. Weil es aber keine festen Termine im Ackerjahr gibt, weil das Stück Land an der Straße weder über eine Tischtennisplatte noch eine kleine Feldbar verfügt, trifft man die anderen nur sporadisch, und viele sehen wir überhaupt nie. Die meiste Zeit sind wir alleine in unserer Furche. Aber ganz alleine ist man ja nie. Es gibt ja immer noch die Erdflöhe.

Bitte raten Sie mal, ohne zu googeln oder im Inhaltsverzeichnis nachzusehen, was vor sechs Wochen war? Exakt: Radieschensaat auf der Furche Scharnigg. Deswegen ziehen das liebe Fräulein und ich am gelobten Feiertag die schwersten Arbeitshandschuhe an, klemmen die leersten Körbe unter den Arm und lassen uns ausnahmsweise von einer Zirkuskanone zum Acker schießen. Tatsächlich, im Radieschenareal dräut ein allerliebster Anblick: Überall kragen feiste, rote Boller heraus, die von der oberbayerischen Erde nur noch mit Mühe zurückgehalten werden und darum flehen, mit sanftem Ruck ans Tageslicht zu gelangen. Wir rucken sehr gut und verbringen die nächste Stunde damit, uns gegenseitig die geborgenen Wurzeln vors Gesicht zu halten, flankiert von unzivilisiertem Jubel.

Ich verstehe auf einmal, warum man Radieschen auch das »Rote Gold« der Ackerpächter nennt, und noch etwas verstehe ich an diesem Nachmittag: Ernten ist eine menschliche Urlust, ganz tief in uns verwurzelt. Also mindestens genau so tief, wie das Knallenlassen von Luftpolsterfolie.

Wir können nicht aufhören. Ich sage zum Fräulein: »Ich kann nicht aufhören!« Und sie: »Schweig Mann, ernte!« Der tranceähnliche Zustand, in dem wir uns befinden, bringt es mit sich, dass auch einige unreife Radieschen, eine Sonnenblume und mehrere Rote Rüben (ähnliche Blätter!) einen zu frühen Tod erleiden. Kollateralschäden. Aber es hat uns auch niemand gesagt, dass man sich beim Radieserlernten so konzentrieren muss. Doch diese Missgriffe kratzen nur an den Tellerrändern unserer Euphorie. Schließlich sind zwei Meter Ackerfurche abgeerntet, und unsere Blicke klaren wieder auf. De facto haben wir zwei Bund Radieschen, um die uns jedes Marktweib beneiden würde. Ich stecke ein Radieschen in den Mund. Es knirscht und schmeckt dann umwerfend beziehungsweise leicht scharf. Wir fahren wieder heim, beschwingt wie zwei Schwingschleifer.

Abends sind die Radieschen gebadet und in feine Tücher gewickelt, und wir schauen ihnen beim Einschlafen auf dem Küchentisch zu. Wie bilderbuchrot sie sind und wie proper!

»Was machen wir jetzt damit?«, fragt das liebe Fräulein sanft. Es bleibt still, und ich auch. Keine Ahnung. Dieses Problem hatten wir bis jetzt nicht bedacht, es stellte sich ja auch gar nicht. Wir müssen unsere Pflanzen essen. Müssen Stängel, die wir vier Wochen lang beobachtet, bestäubt und gehegt haben, mit dem roten Küchenmesser abschneiden und die Knollen, über die wir uns den ganzen Tag gefreut haben, unserer Verdauung zuführen. Gar nicht so einfach, also psychologisch. Beide stehen wir bleich vor dem schönen Erntekorb und seiner ersten Fracht.

»Sollen wir vielleicht noch auf einen richtigen Anlass warten, wenn wir, äh, etwas zu feiern haben«, fragt das Fräulein. Aber was feiert man denn mit Radieschen?

»Ich hole den Fotoapparat«, sage ich.

Menschen fotografieren sich vor ihren neuen Autos, sie fotografieren, wenn ihnen eine Küche eingebaut wird, und sie fotografieren so ungefähr jede Zellteilung ihres ersten Kindes, warum sollten wir nicht auch unsere allerersten Radieschen verewigen? Es ist aber gar nicht so einfach, Radieschen artgerecht in Szene zu setzen. Auf den ersten drei Bildern sehen sie wie ganz durchschnittliches Gemüse aus, angeblitzt und verschreckt, nicht mal dieses ganz besondere Rot ihrer Wangen kommt heraus. Warum gibt es für jeden Mist ein Sonderprogramm in meinem Fotoapparat, zum Beispiel für Brückenfotografie, aber keine anständige Biogemüseeinstellung? Wir drapieren die Radieschen neu, das Fräulein bastelt ihnen eine Kulisse aus einem altmodischen Kochbuch und unserem einzigen schönen Schneidebrett.

Klickklickklick.

Wir machen Einzelaufnahmen und Gruppenbilder und solche mit dem lieben Fräulein, wie es die Radieschen im Arm hält. Ich schwöre, wir kommen uns dabei kein bisschen bekloppt vor, sondern sind ehrlich darauf bedacht, dass alles aufs Bild kommt. Erst dann erlauben wir uns erschöpft, ein paar Radieschen zu essen. Jeder bekommt zwei, aber nicht die schönsten, sondern die, die nicht ganz perfekt gebollt sind. Andächtig kauen wir darauf herum und versichern uns ständig, wie gut sie schmecken, wie abwegig ein Vergleich mit herkömmlichem Gemüse im Allgemeinen und Supermarktradieschen im Besonderen wäre.

»Aua, sind die scharf«, sagt das Fräulein am Schluss. Die restlichen geben wir gut umwickelt ins Gemüsefach des Kühlschranks.

Als ich am nächsten Morgen auf der Kamera sechsundsiebzig Aufnahmen des immer gleichen Häufleins Radieschen sehe, gehe ich zum Fräulein und sage mit ganz ruhiger Stimme: »Du, wir müssen aufpassen, dass wir über diese ganze Ackersache nicht verrückt werden.«

Radieschen

Warum jeder Gärtner Radieschen pflanzen sollte, das habe ich schon angedeutet. Sie sind einfach wie die Menschen, die jeder in seinem Bekanntenkreis findet – ein bisschen langweilig, ein bisschen durchschnittlich, aber zuverlässig, kommen auf jede Party nahezu pünktlich und sorgen so für eine gewisse Belebung. Man kann auf sie zählen und hält Jahr für Jahr an ihnen fest, ohne große Leidenschaft. Genau so ist es mit den Radies.

Ihre Samen sind angenehme Kügelchen, sie sind billig zu erwerben, und eine Samentüte reicht für fünf Meter Radieschen, eine Menge, die kein Mensch braucht, wenn er nicht gerade einen Partyservice betreibt.

Wie wir im Laufe des Jahres feststellen durften, sind Radieschen nicht nur gute Markierungssaaten, um langsam wachsenden Lauchen Spalier zu stehen, sie wachsen auch überall da, wo sie uns aus der Tasche gefallen sind. So ernteten wir Radieschen auf den Feldwegen, rund um unser Namensschild und in der Ecke, in der wir eigentlich so eine Art Kompost eingerichtet hatten. Sie wachsen also anspruchslos und schneller als alles andere. Wer bei seiner Gartenplanung ein paar ungeduldige Kinder oder Lebenspartner einkalkulieren muss, sollte also keinesfalls darauf verzichten.

Außerdem ist so ein Radieschen äußerst pittoresk zu ernten, oben grün und unten kugelrot, beinahe macht es »plopp«, wenn man sie aus der Erde zieht. Und der Unterhaltungsaspekt geht beim Radieschen sogar noch weiter: Es gehört zu den wenigen Conveniencegemüsen, die direkt vor Ort verzehrfertig sind. In Kopfsalat und Zucchini beißt es sich ja doch eher schlecht, ein notdürftig vom Lehm befreites Radieschen jedoch ist eine Mahlzeit, wie sie erdverbundener nicht sein könnte, es knirscht noch mindestens zwei Stunden hinterher zwischen den Zähnen – schmeckt aber natürlich auch großartig, sogar ohne Salz.

Vor lauter früher Erntefreude sollte man aber auch nicht zu viele Radieschen säen. Sicher, wer ein Dutzend Rohkostfans zu Hause sitzen hat, der mag eine Tagesausbeute von dreißig Radieschen schon unters Volk bekommen, bei uns aber gammelte immer mindestens die Hälfte im Gemüsefach des Kühlschranks. Dort verliert das Radieserl schneller als andere Wurzeln seinen Reiz, schrumpelt gummiartig zusammen und bleicht aus. Wichtig ist, wie bei fast allen Wurzelgemüsen, dass man sich und es recht schnell vom attraktiven Blattgrün trennt, denn das befördert sonst die ganzheitliche Verwelkung. In ein feuchtes Stück Küchenpapier eingeschlagen, kann man es ein paar Tage retten, aber je schneller es gegessen wird, desto knackiger bleibt es. Und das Knacken gehört dazu.

Wir hobelten Radieschen über den Salat, bis unsere Fingerkuppen nicht mehr nachwachsen wollten, dann gingen wir dazu über, die kleinen Kanonenkugeln einfach zum Essen auf den Tisch zu stellen, vor allem wenn Gäste kamen. Es ist er-

staunlich, wie viele davon mit einem Radieschen ein Stück ungetrübter Kindheit verbinden und deswegen voll Freude zwei bis elf verzehren. Uns war es recht, wir hatten viel zu viele, all die Markierungssaaten und Radieschenunfälle führten dazu, dass mehr Radieschen reif waren, als wir redlicherweise verwerten konnten. Einmachen und Einfrieren scheidet aus, auch Radieschenschnaps ist mir nicht bekannt. Wir werden uns nächstes Jahr also zurückhalten und nur noch in handelsüblichen Mengen heranziehen. Denn wenn man sie auf dem Feld stehen lässt, benehmen sich die ausgewachsenen Radieschen ziemlich wüst: Sie quellen, zerspringen und sind irgendwann handgroße, unförmige Klumpen, denen Erdflöhe und Kohlfliegen ein Stelldichein geben. Diese beiden Kandidaten lassen sich anfangs immerhin recht gut mit Steinmehl bekämpfen – auch wenn dann die Blätter nicht mehr so lindgrün und hübsch sind.

Halten wir also fest: Das Radieschen ist das Einmaleins des Gärtners, und dieser tut gut daran, es trotz seiner Anspruchslosigkeit nicht gering-, aber auch daran, seinen tatsächlich Bedarf ehrlich einzuschätzen.

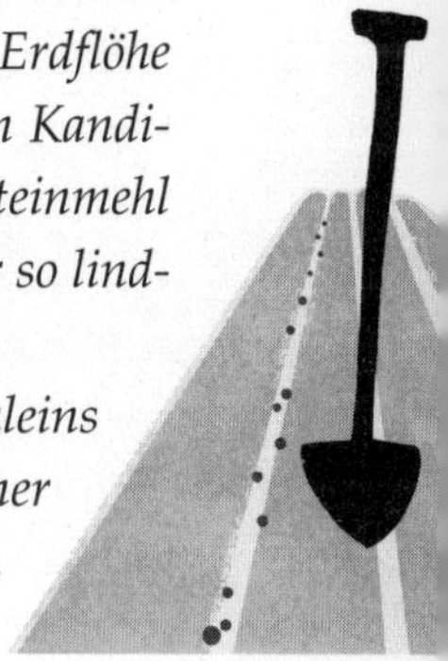

Anfang Juni

»Heute hab' ich schon wieder von den Sellerie geträumt«, sagt am ersten Donnerstagmorgen des Monats das liebe Fräulein und formt müde die Hände zu einer Schale, damit ich ein Nutellabrot hineinlege. Es sind kleine schmutzige Hände, und das ganze Mädchen ist zerzaust, von gestern noch und wegen wilder Unkrautträume, die sie mir gleich berichtet: Die Sellerie wuchsen ganz woanders als richtig, und wir mussten sie ernten, hatten aber nichts dabei, womit wir sie transportieren konnten, und Frau Bromberger aus der Grundschule war auch da und hatte Fußschmerzen wegen unseres Unkrauts, also im Traum.

Unsere Wohnung ist ebenfalls zerzaust: Im Flur stehen vier erdverkrustete Vulkane, zwei in Größe 38 und zwei in Größe 45, unter unseren Jacken ist über Nacht ein kleiner Weiher abgetropft, auf allen Lichtschaltern sind Fingerabdrücke in Ackerbraun, und gestern bin ich den halben Tag mit einem ausgerissenen Löwenzahnstrunk in der Kapuze herumgelaufen. Auf dem Feld dachte ich noch, ich hätte den hinter mich geworfen. Definitiv hinter mich geworfen habe ich dafür gestern Abend die triefende Petersilie aus der Suppe, als ich übermüdet und zerstreut einfach mit dem Unkrautjäten weitermachte. Ja, es gibt Unkraut. Das brachte der gestrige Besuch ans Licht. Acht Tage hatten wir den Feldstreifen wieder alleingelassen, und als wir davorstanden, kamen uns die vier Reihen deutlich ausgeflippter vor. Unsere Pflanzen bildeten nicht mehr schöne, halbwegs gerade Reihen auf den Kämmen der Bifänge, sondern rechts und links kragte Grünzeug hervor. Es war Gras, stinknormales Gras, grün, lang, unverschämt. Es wuchs zwischen den feingliedrigen Karottenstauden, zwischen meinen Frühlingszwiebeln, die immer noch dünn waren wie Zahnstocher, das neue Gras wuchs auf den Wegen zwischen den Reihen und rund um unser Namensschild. Dazu standen überall Löwenzahn und kleine Disteln und weitere unerwünschte Gesellen, die wir botanisch nicht bestimmen konnten. Da war es also, das Unkraut, das Haindl-Orakel eingetreten, und unsere Parzelle sah fast über Nacht aus, als gehörte sie den Schmuddelkindern. Klar, jetzt mussten wir uns eingestehen, dass wir vielleicht doch etwas zu lässig über die Unkrautsache hinweggegangen waren in den letzten Wochen. Erst trauten wir uns nicht, zwischen den frischen Keimen zu jäten, aus Angst, wir würden Edelgemüse zerstören. Später dachten wir, oder zumindest ich, dass dieser kleine Löwenzahn hier und das Grasbüschel da doch eigentlich nicht störten, schließlich waren unsere Kartoffelpflanzen schon viel kräftiger als die Unkräuter. Aber jetzt hatten sie auf einmal die Herrschaft übernommen, und im Vergleich zu unseren Ackernachbarn sah es bei uns schön schlampig aus.

»Auf die Knie«, sagte das Fräulein streng, und wir begannen Ordnung zu schaffen. Egal, dass wir eigentlich nur kurz vorbeischauen wollten, egal, dass ich nur eine kurze Hose anhatte und die Sonne brannte, das Unkraut musste weg. Schließlich würden wir erst in einer Woche wiederkommen können, und wenn es bis dahin so weiter wuchs, stand unserem Ausschluss aus der fröhlichen Riege der Ackerbesitzer nichts mehr im Wege. Wer sein Feld nicht in Ordnung hält, dem wird es gemäht, so stand es in dem Infoblatt, das wir Anfang März bekommen hatten. Klare Sache: Ritterburgen werden geschleift, schlampige Feldstücke gemäht.

Uns schauderte vor dem Sensenmann, und deswegen knieten wir uns an diesem Samstag richtig rein in unsere Problemscholle. Dabei stellten wir fest, dass Unkraut nicht gleich Unkraut war. Die besagten Grashalme, die jetzt eindeutig am häufigsten vorkamen, ließen sich nur mit einem sehr gefühlvollen Schwung samt Wurzel aus der trockenen Erde zupfen. Zog man dabei zu feste, blieb die Wurzel drin und würde binnen Tagesfrist neues Unkraut produzieren. Die distelartigen Dinger waren relativ flach verwurzelt, ließen sich aber, weil es nun mal Disteln waren, nicht anfassen. Richtig, dafür gab es Gartenhandschuhe! Aber haben Sie schon mal versucht, widerwärtige, dünne Grashalme mit einem dicken Gartenhandschuh gefühlvoll zu rupfen? Geht nicht, geht nur mit den echten Fleischhänden.

Der Löwenzahn ließ sich zwar gut packen, war aber massiv verwurzelt, für ihn brauchten wir den Unkrautstecher und waren zufrieden, wenigstens eines der angeschafften Gartenwerkzeuge mal so einer Art Nutzen zuzuführen.

Das Fräulein fing bei Bifang Nr. 1 unten an und ich oben, in der Mitte wollten wir uns nach getaner Befreiungsschlacht brüderlich küssen. Nach einer halben Stunde war sie von mir aber immer noch genauso weit entfernt wie am Anfang. Nach einer Stunde konnte ich immerhin schon ihr Seufzen hören und sie meine Distelbeschimpfungen. Es ging also sehr langsam, diese manuelle Entrümpelung unserer prachtvollen Pflanzreihen. Halbmeterweise robbten wir uns weiter, pickten mit der einen Hand die Grashalme raus und sammelten den Grünabfall in der anderen Hand. Man durfte keinesfalls zu weit nach vorne gucken, denn die Menge der wartenden Grashalme machte jede Motivation zunichte. Nach zehn Minuten hatte man ein kümmerliches Stückchen, einen halben Meter vielleicht, einigermaßen übersichtlich gemacht und schob sich ein Stück weiter. Es war eine doofe Arbeit, bei der man sich aber auch noch konzentrieren musste. Steine und getrocknete Erdklumpen schürften an meinen nackten Knien, die Gelenke taten, was nur Gelenke können, sie schmerzten wie alte Scharniere, die Sonne brannte, der feine Erdstaub legte sich unfein juckend auf die feuchten Arme und Stirn, und allerlei Getier schwirrte entzückt auf uns nieder. Es war eine Qual, das erste Mal, dass uns der Acker so richtig auf die Probe stellte. Das erste Mal, dass ich all denen Recht geben wollte, die die Aussicht auf ein eigenes Feld etwa so reizvoll fanden wie die Aussicht, sie müssten alle Bücher der Bayerischen Staatsbibliothek neu mit Schutzfolie einbinden. Das harte Los der Bauern, wir fühlten es nach. Wobei die ja Pestizide hatten und bestimmt nie auf den Knien durch ihr Maisfeld robbten.

Als wir uns in der Mitte der ersten Ackerreihe trafen, waren wir der Verzweiflung näher als dem Leben.

»Alles tut weh!«, sagte ich zum Fräulein, und die Frau meiner Träume sank passgenau zwischen zwei Zucchinipflanzen nieder, die inzwischen beträchtliche Ausmaße angenommen hatten.

»Ui«, quiekte sie von da unten, wo sie den Zucchinis unter den Rock schauen konnte. »Ui, die haben ja schon die ersten Blüten.«

Tatsächlich steckten im Schoß der Zucchinipflanzen zwei geschlossene Blütenkelche, lang wie ein Feuerzeug. Das gab uns wieder etwas Mut, und wir nahmen die zweite Reihe in Angriff. Dort hatten wir vor allem Dahlien, Schalotten und Zwiebeln und wieder eine Reihe Kartoffeln, allesamt Gewächse, die schon deutlich auszumachen und kräftig waren und zwischen denen man etwas großzügiger jäten konnte als zwischen dem dichtverzweigten und filigranen Petersilie- und Karottengrün oder dem Malven- und Kornblumennachwuchs, durch den sich das Fräulein gekämpft hatte.

Um uns gegenseitig aufmuntern zu können, arbeiteten wir dort gleichzeitig in einer Richtung, ich auf der einen, das Fräulein auf der anderen Seite der Beetreihe. Dabei zeigte sich relativ rasch, dass wir uns nicht abgesprochen hatten, was die Vernichtungsaktion im Detail anging. Das Fräulein, gewissenhaft wie es war, wühlte nämlich jeden Grashalm mit der Wurzel heraus und sammelte das Zeug säuberlich in einem alten Gummistiefelkarton, den sie im Auto gefunden hatte und alle halbe Stunde auf einen Haufen am Ende des Felds leerte. Ich hingegen warf das unnütze Grünzeug einfach hinter mich auf den Weg, schließlich hatte Frau Haindl das genau so vorgeschlagen. Komposthaufen gab es auf dem Feld keinen, und das Grünzeug würde ebenso gut auf den Wegen verrotten und sich dort festtrampeln, hatte sie gesagt, am besten beides gleichzeitig. Also säumte meine Arbeitsstrecke ein Spur von altem Unkraut, angesichts derer das Fräulein die Nase rümpfte, von wegen wie das denn aussähe. Außerdem gab sie zu bedenken, dass es weit und breit niemand festtrampeln würde. Stimmt, so frequentiert wie sich Frau Haindl das gedacht hatte, waren die Gänge zwischen unseren Reihen nicht, wir waren ja nur einmal die Woche da und bewegten uns dann auch ohnehin nur mit leichter Eleganz, fast ohne den Boden zu berühren. Trotzig blieb ich aber bei meiner Methode und behauptete, es würde natürlich schon klappen, die Sonne würde das ausgerissene Zeug doch in wenigen Stunden vertrocknet, verschrumpelt und verdörrt haben.

Das Fräulein sagte nichts, und schweigend zupften wir weiter.

So anstrengend diese Unkrautlese auch war, ich fand sie auf eine besondere Art auch ein bisschen befriedigend. Auf allen vieren den Erdboden zu scannen und immer nur das nächste Unkraut ins Visier zu nehmen, auszurupfen, weiter, und nach einer Viertelstunde einen halben Meter Boden ordentlich gemacht zu haben, das war eine angenehm greifbare Problemstellung. Wir arbeiten ja beide als Autoren, und diese Arbeit besteht tagaus, tagein im Abklopfen eines Steinbruchs, der in unseren Köpfen ist und der nie weniger wird. So kreativ und schmeichelnd es dabei ist, für Ideen und ein paar gute Gedanken, Interviews und flotte Sätze bezahlt zu werden, so unbefriedigend ist doch das, was man am Ende eines durchschnittlichen Tages in der Redaktion abzugeben hat – ein paar Kilobyte Word-Dokument, das man mit einer E-Mail an den Textchef sendet, ein paar Häkchen, die man klicken muss, damit der Text auf die nächste Zeitungsseite wandert oder online zu lesen ist. Um wirklich haptisch das Gefühl zu bekommen, man hätte ein Tagwerk erledigt, muss man schon den Schreibtisch aufräumen oder zwei Flaschen Bier leertrinken, dann erst hat man etwas Fassbares geschafft.

Dieses endlose Feld Meter für Meter von Unkraut zu befreien, dabei nichts zu denken als »Gras, Löwenzahn, Distel, aua«, das war nicht nur eine schöne Abwechslung, das war ziemlich nahe an dem Begriff »mal abschalten«, von dem man in der Stadt auf jedem Flur und in jedem Aufzug verfolgt wird. Die Menschen wollen beim Freeclimben oder beim Yoga abschalten, oder wenn sie bis fünf Uhr morgens in Clubs gehen. Ich habe alle drei Methoden und noch einige mehr versucht, sie haben alle ihren Reiz, aber abschalten, das schien mir in den letzten drei Stunden dieses vermaledeiten Samstags am besten geglückt. Jedenfalls kann ich nicht mehr sagen, wie die Zeit dabei verging; ich dachte an nichts mehr als an die nächsten zwanzig Zentimeter Erdkruste, es gab nichts anderes in meiner Welt als die Jagd auf den nächsten Grashalm. Oder dehydrierte ich längst und konnte deswegen nur noch ein Achtel meiner Gehirnfunktion nutzen? Als ich mit einem Tag Abstand darüber nachdachte, kam mir Letzteres wahrscheinlicher vor.

Wir schafften jedenfalls die dritte Reihe noch bis zur Hälfte, dann gaben wir auf, vier Stunden waren wir durch den Staub gekrochen und hatten alles gezupft, was dem Gedeih unseres Paradiesgartens im Wege stand, jetzt ging nix mehr. Glutofen, Hitzestau, agrarökonomischer Burn-out.

Jeder einzelne Fingernagel hatte einen druckimprägnierten Trauerrand, Hände und Arme waren aufgeschürft, alles brannte, ziepte und stach. Im Auto frischte uns die Klimaanlage wieder auf Normaltemperatur runter und brachte auch sonst allerlei Abkühlung mit sich. Bisher waren wir immer beschwingt vom Acker abgefahren, voll guter Neugier und Hoffnung, wie es beim nächsten Mal aussehen würde und angefüllt mit kleinen Entdeckungen, die wir dem anderen noch dringend erzählen mussten. Diesmal war es, als hätten wir eine Ohrfeige bekommen, als wäre all das Schulterklopfen, das wir an uns ausgeteilt haben, viel zu voreilig gewesen und die ganze Sache ein bisschen zu groß für uns. Was, wenn das Unkraut in acht Tagen wieder so hoch steht? Die Vorstellung, dass Seefeld von jetzt an immer vier Stunden Kriecharbeit bedeuten würde, machte uns ganz schwach. Wir hatten die anderen Feldstreifen gesehen, und dort war keine derartige Unkrautschwemme zu sehen. Das Feld des geheimnisvollen alten Herren, den wir immer nur beim stoischen Harken und Häufeln beobachteten, war ein Ausbund an Geometrie und Aufgeräumtheit. Es sah aus, als wäre er mit dem Handstaubsauger zwischen seiner Roten Beete durchgegangen. Zum ersten Mal kam uns der Gedanke, dass wir vielleicht doch nicht so begeisterte Gärtner waren, wie wir uns das bis jetzt ausgedacht hatten. Um uns abzulenken, sprachen wir lieber über Stadtdinge, zum Beispiel was im Kino kam und wie das zweite Kind unserer erstliebsten Nachbarn wohl idealerweise heißen könnte. Ergebnis: Jonathan Seeland Huber. Daheim duschten wir uns gegenseitig ab und fühlten uns wie die Elefanten: krustig und müde und grau.

Einzelkritik

Der Gardena-Unkrautstecher

Ich arbeite nicht für diese Firma und bekomme nichts, wenn ich jetzt schreibe: Das war das einzige Werkzeug, auf dessen Anwesenheit am Feld wir penibel bedacht waren. Unkrautstecher sind die Dolche unter den Gartenwerkzeugen – lange, schmale Schaufeln, mit denen man aber nicht schaufelt, sondern am Unkraut entlang ins Erdreich sticht und dann, je nach persönlicher Vorliebe, aushebelt, abtrennt oder aussticht, wie das Kerngehäuse beim Apfel. Gerade bei hartnäckigen Wurzelbehandlungen von Löwenzahn oder Gräsern ist so ein Gerät wirklich hilfreich. Mit einer normalen Handschaufel müsste man viel zu viel Erde bewegen und könnte nicht so chirurgisch eingreifen.

Wir besitzen drei Unkrautstecher, einen vom Discounter, einen vom Baumarkt und eben den im auffälligen Markenblau. Alle drei Geräte sehen fast genau gleich aus, trotzdem konnte sich nur einer durchsetzen. Der Discounterstecher war einfach zu stumpf, das Schaufelblatt zu dick, deswegen musste man viel zu viel Kraft aufwenden und kam nur mühsam bis zur Wurzel. Das Baumarktteil war durchaus scharf, allerdings merkten wir erst im harten Einsatz im Nieselregen, dass der Griff einfach nicht gut in der Hand lag, er war ein Quentchen zu dick und das Griffplastik absurd unbequem.

Jedenfalls – wir haben nie offen darüber gesprochen, aber jagten uns gegenseitig ab Juli immer den Gardena-Stecher ab.

Das soll aber nicht darüber hinwegtäuschen, dass wir das meiste Unkraut mit unseren höchsteigenen Händen entfernten und dabei feststellten, was für brauchbare und vor allem hochfeine Endgeräte das doch sind. Wenn es darum geht, in einer Saatreihe die Guten von den Schlechten zu trennen, kann kein Werkzeug helfen, ohne schmerzhafte Schneisen zu reißen. Da muss man mit Fingerspitze und Nagelbett ran, bis die Kniescheiben knacken, es hilft nix.

In England sehen Unkrautstecher übrigens nicht dolchmäßig aus, sondern so wie bei uns die Geräte zum Spargelstechen: unten mit einer scharfen Kante versehene, gebogene Schürhaken, mit denen man – zing – die Wurzel des Bösen absicheln kann. Da die Engländer unsere großen Vorbilder in Sachen Pflanzenflüsterei sind, werden wir diese ehrwürdigen Gerätschaften eventuell mal importieren. Die Auswahl ist aber auch hierzulande schon groß genug. Im Zustand jungfräulicher Verwirrung kauften wir Handhacken, Gartenkrallen, Pikierstäbe und Allroundwerkzeuge. Vermutlich liegt es an uns, aber die meisten dieser Dinge kamen nur sehr sporadisch zum Einsatz, denn selbst beim Kartoffelausgraben arbeitet es sich mit den Händen irgendwie feinfühliger.

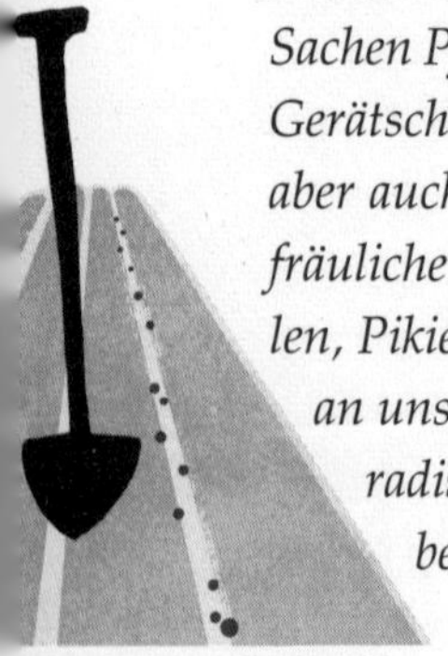

Heute, nachdem das Mädchen mit Nutellabroten und Tee versorgt ist, sagen wir uns gegenseitig unsere Sekundärschmerzen auf und zeigen uns interessante Körperteile, die entweder über Nacht angeschwollen sind oder auf denen wir eine Zecke vermuten. Ist aber mehrheitlich nur Fehlalarm (also, was die Zecken angeht, das mit den Schwellungen stimmt natürlich). Dazu sind wir bemerkenswert sonnengegerbt, was etwas anderes ist als sonnenverbrannt. Gegerbt beinhaltet auch immer noch zu viel Wind und etwas Schmutz und ausgebleichte Haare, beim Fräulein auch noch mit ein paar Strohhalmen darin. Schon nach acht Wochen als Ackerpächter also sind wir kleinen Büschen ähnlicher als unseren Nachbarn. Um dieser Verrohung vorzubeugen und unsere kleine Unkrautdepression zu verdrängen, wollen wir etwas ganz anderes, etwas Zivilisiertes machen.

Ackerfrei.

Ich habe noch ein paar Tage Urlaub und buche kurzerhand eine zweitägige Sommerfrische in der Schweiz: Hübsches Hotel, großer Wellnessbereich mit eigenem Fingerschrubbspa und, was uns besonders zusagt, das Mitbringen von Feldfrüchten jeder Art ist verboten. Klingt doch friedlich. Klingt doch so, als könnten wir dort auf eine Art ausspannen, die etwas gesellschaftsverträglicher ist, als im Münchner Speckgürtel im Dreck zu wühlen.

Wir fahren am nächsten Tag mit dem Zug. Erstens weil ich gerne Zug fahre und zweitens weil die Kapuzinerkresse, die sich vor ein paar Wochen auf der Rückbank meines Autos wild ausgesät hat, mittlerweile auch Handbremse und Teile des Lenkrads umrankt. Soll sie doch, die alte Kletterkuh! Was wir aber nicht bedacht haben: Die Zugtrasse in die Schweiz führt ausschließlich durch Kleingartenanlagen. Und ist Ihnen schon einmal aufgefallen, dass zu allen Schrankenwärterhäuschen penibel angelegte Gemüsegärten gehören? Vollsonnige Lage und nährstoffreicher Boden zumeist! Kein Wunder, dass bei den Warnstreiks der Bahn immer saftige Biotomaten geschmissen werden.

Was also passiert? – Richtig, wir kleben ab Pasing an den Fenstern des Eurocity und rufen so:

»Hast du diese Wahnsinnserbsen gesehen?«

»Die vorbeizischenden Karotten da können nicht echt gewesen sein!«

»Wow, solche riesigen Dingsbums, warum blühen die bei denen so schön?«

Je mehr Gärten der Zug durchquert, desto stiller werden wir.

In St. Margarethen schließlich müssen wir umsteigen. »Weißt du«, sagt das liebe Fräulein auf dem Bahnsteig etwas kleinlaut, »hinten bei den Gurken, da müsste doch sehr dringend mal angehäufelt werden.«

»Ja, und wenn wir dieses Wochenende nicht neue Kopfsalate aussäen, dann haben wir, äh, Ende August keine Kopfsalate«, sage ich.

»Oje, ich liebe Kopfsalate Ende August!«, seufzt das Fräulein.

»Und wenn ich nicht jede Woche mein Anhäufeln habe, werde ich ganz strähnig«, seufze ich. Es seufzt sich gut, in St. Margarethen.

Zweieinhalb Stunden später sind wir wieder in Pasing. Dreieinhalb Stunden später stehen wir in unseren kleinen Erdvulkanen auf dem Acker. Höchste Zeit! Der Wind hatte ein paar unserer immer noch erschreckend mickrigen Paprikapflänzchen von ihren Stäben getrennt, sie irrten hilflos durch die Gegend. Als wir sie beruhigt und angebunden haben, strahlen wir uns über dem schnellwachsenden Borretsch an. Wir fahren nicht mehr weg, solange wir das Feld haben. Das selige Lächeln einer Ackerfurche ist wertvoller als jeder Wellnessbereich.

Stattdessen ernten wir ein bisschen, nicht nur Radieschen, sondern auch Petersilie, sie hat letzte Woche noch mal Gas gegeben und ist jetzt schon so hoch wie eine väterliche Hand und herrlich würzduftig. Im gleichen Maß, wie wir uns vor drei Tagen von der Natur ungerecht behandelt fühlten, fühlen wir uns jetzt beschenkt. Wer hat schon drei Meter Petersilie zur Verfügung?

Auch sonst lässt sich überall viel Schönes feststellen, die meisten Blumen des Fräuleins haben Knospen, die ein oder andere Kornblume schaut auch schon raus, mit diesem unglaublichen Blau, bei dem man sofort französischer Maler werden möchte. Unter den Blüten der Zucchini schieben sich fingerlange Früchte nach; wenn die alle kommen, die da ansetzen an unseren fünf Zucchinistauden, dann wird ganz Schwabing demnächst nach Zucchiniauflauf riechen, oder was immer man damit anstellen kann.

Die Kopfsalate, die uns von allen Samen fast am

längsten begleitet haben, weil wir sie als Erste auf unseren Fensterbrettern großzogen, sind auch schon fast so schön wie am Wochenmarkt. Nicht ganz so künstlich kugelig vielleicht, sondern von Wind und Wetter etwas zerwühlt, aber durch unsere gartengrüne Brille natürlich die schönsten Kopfsalate ever. Wir nehmen zwei mit, weil wir ahnen, dass wir die nächsten zwei Wochen, wenn sie ausgewachsen sind, nicht zwanzig auf einmal mitnehmen werden, wie es dann eigentlich nötig wäre.

Unser Erntekorb füllt sich, ein Bund Petersilie, die gesunden Radieschen, der elegante Salat, dazu ein paar Ringelblumen, die halb absichtlich, halb ausgewildert am Rand zum Feld des Bauern Hubert wachsen, und genau auf dieser Grenze haben wir auch wilde Pfefferminze entdeckt, die riecht, als wäre man in der Kaugummifabrik. Vermutlich stammt sie von der letzten Ackersaison, unsere Kleinäckeranlage gibt es ja schon zwei Jahre, und wer schon je beruflich mit einer Pfefferminzstaude zu tun hatte, weiß, dass sie jede Form von körperlicher Gewalt einfach wegsteckt und immer wiederkommt. Pfefferminze hat das hartnäckigste Wurzelsystem überhaupt, aber immerhin riecht sie dabei gut und macht unseren Erntekorb voller – deswegen darf ein großer Strauß mit.

»Hängen wir zum Trocknen auf«, sagt das Fräulein, und so geschieht es. Am Abend baumelt sie am Küchenregal, und in der Salatschüssel sind unser erster eigene Gartensalat, Petersilie und Radieschen, und wir sind sehr stolz, wir müssen schon wieder ein bisschen fotografieren, aber nicht so verbissen wie letztes Mal.

Trotzdem bleibt dieser unbedingte Wunsch, den anderen, den Freunden und Verwandten davon zu erzählen und sie probieren zu lassen. Unsere Vorfahren vor hundert Jahren hätten das vermutlich äußerst befremdlich gefunden, aber wir fühlen uns, als hätten wir mit dem Inhalt dieser Salatschüssel etwas ziemlich Irres zustandegebracht. Wenn wir sie selbst getöpfert hätten, wäre es bei weitem nicht so irre gewesen, nein, wir haben etwas Lebendiges bis zur essbaren Perfektion aufgezogen. Dass es die Arbeit eigentlich selber gemacht hat, unterstützt von der guten Erde, der Sonne und ein bisschen Regen, das kommt uns gar nicht so sehr in den Sinn.

»Weißt du«, sagt das Fräulein nach ein paar Minuten, in denen wir unseren Evolutionsstolz zerkauen. »Weißt du, es soll eine Eintopfparty geben im Herbst. Mit einem großen Ackereintopf, in dem nur Sachen vom Feld drin sind, und wir laden alle dazu ein.« Eine gute Idee.

Seit wir diesen Eintopf im Kopf haben (Ein schönes Bild! Haben wir nicht alle Eintopf im Kopf? Die einen reichhaltiger, die anderen etwas dünner.), können wir nicht mehr aufhören, davon zu reden. Um das zu verstehen, muss man wissen, dass das liebe Fräulein eigentlich nichts lieber macht, als rauschende Feste zu planen. Die Zahl der rauschenden Feste, die sie nicht nur geplant, sondern tatsächlich auch gefeiert hat, ist wesentlich kleiner, aber das macht nichts.

»Es ist beruhigend, wenn man immer genügend Lampions und Eiswürfel und Tischfeuerwerk im Haus hat«, sagt sie, und dagegen kann man wenig einwenden. Die Eintopfparty nun verlangt eher nach Herbstdeko als nach Lampions, das Wichtigste aber ist die Suppe an sich. Wir brauchen Ernteerfolge bei Kartoffeln, Karotten, Sellerie, Zwiebeln und Majoran, und Lauch wäre nicht schlecht. Allerdings hatten wir keinen Lauch eingepflanzt, aus Sorge, er könnte im Spätherbst noch nicht reif sein, bevor der alte Hubert mit seinem Traktor alles wieder plattmacht.

»Ich hätte da noch eine Geheimecke mit Lauchzwiebeln«, flechte ich so harmlos wie möglich ein, in Erwartung damit jetzt hoch zu punkten.

»Hab ich schon gesehen«, sagt die Unerbittliche kühl. »Die sind so dünn, dass wir froh sein können, wenn die Kalte Sophie ihnen nicht gleich das Lämpchen ausknipst. Nein, wir müssen eben ohne Lauch planen, passt schon. Auf jeden Fall brauchen wir einen riesigen Topf.« Das deckt sich immerhin wieder mit meiner Vorstellung von einer Eintopfparty, bei der in der Mitte ein Topf steht, so groß, dass man eine Leiter daranlehnen muss, wenn man umrühren möchte, und unablässig spazieren Zwerge herein und kippen frisches Gemüse in den brodelnden Topf. Vielleicht habe ich das mal in irgendeinem Kinderbuch gesehen, so etwas kriegt man ja nicht mehr los. Brot und Würstel soll es natürlich auch geben, dabei waren wir vom Selbsterzeugerzwang freigesprochen.

Die Sache mit dem Eintopf für die Freunde ist nicht nur gut, um uns ein bisschen die Zeit bis zum nächsten Ackerbesuch zu vertreiben, sie gibt der ganze Arbeit auch so eine Art Ziel. Früher mochte das Erntedank oder Überleben geheißen haben, bei uns heißt es jetzt »Eintopffest«. Jetzt ist es Anfang Juni, den Eintopf setzen wir für Ende September an, drei Monate hat alles noch Zeit, nach oben oder unten zu wachsen.

Mir kommt es schon jetzt jedes Mal wie ein Wunder vor, dass die paar Samen auf unserem Feld das alles einfach durchziehen, dieses ganze Wachsen, Blühen, Früchteansetzen, um am Ende tatsächlich genau so auszusehen wie auf der kleinen Samentüte von Samen Schmitz. Also sagen wir mal unter Aufgeklärten und Säkularisierten: Wenn es Wunder gibt, dann dieses. Es geht dabei gar nicht nur um unsere Nutzpflanzen, es geht einfach um dieses wackere, unendliche Wiederholen, das uns die Natur jedes Jahr vormacht. Nach vier Monaten Schneematsch und Eisgrau kann sich das dumme Menschenhirn ja gar nicht mehr vorstellen, dass es in wenigen Wochen wieder bei einem Krug Bier unter blühenden Kastanien sitzt und alles duftet und grünt und treibt, um seinem eigenen kleinen Lebensgeschäft nachzugehen und um in ein paar weiteren Wochen wieder gelb zu werden und schließlich zu verrotten, abzufallen, einzugehen. Ich will nicht zum Naturphilosophen werden und auch nicht Moderator beim Radiosender Pathos-FM, aber ich muss anerkennen, dass dieses ganze Betriebssystem ziemlich stabil und logisch funktioniert. Allerdings ist es ein System, das uns in der Stadt nicht besonders tangiert. Wir machen Frühjahrsputz, Sommerurlaub, haben Herbstdepression und Weihnachtsstress und dann wieder von vorne, das ist unser Abgleich mit den Jahreszeiten. Aber bringen wir dabei irgendwas zustande? Blühen wir, vermehren uns, tragen reiche Früchte, lassen Bienchen saugen? Nö, aber wir sind auch keine Pflanzen, wie man korrekterweise anmerken könnte. Wir hier, am Ende aller Nahrungsketten, werden immer nur älter, dicker, und die Herbstdepressionen werden intensiver.

Da lobe ich mir die Erbsen. Erbsen, lassen Sie sich das mal auf der Zunge zergehen, dieses wunderbare Wort. Erbsen sind eine seltsam altmodische Freude, nicht wahr? In Bilderbüchern und alten Technicolorfilmen gibt es immer Erbsen als Beilage. Aber in echt verschwinden sie doch zunehmend von unseren Tellern, in der Kantine der Süddeutschen Zeitung gab es, glaube ich, noch nie einfach nur einen Schöpfer Erbsen, nicht mondän genug, aber dort gibt es auch keine Pommes und kein Schnitzel. Dementsprechend war meine Kenntnis der Erbswelt bislang auch nicht besonders ruhmreich. Es gab Erbsen und Möhrchen extrafein in der Dose, und so eine Dose steht bei uns immer als Notration ganz hinten im Schrank, denn zweimal im

Jahr kommt es vor, dass einer von uns tired&emotional&zuspät nach Hause kommt und beschließt, dass es nun allerhöchste Zeit für ein Notmahl mit den Noterbsen und -möhrchen extrafein wäre. Es schmeckt nicht nach Gemüse, es schmeckt nach Kinderbrei und Dose und unbestimmtem Heimweh.

Andere bekannte Aggregatzustände der Erbse? Tiefgefroren. Mehr gibt es nicht. Noch nie habe ich hier einen Marktstand gesehen, der frische Erbsen verkauft, aber was viel schlimmer ist, ich bin nie auf die Idee gekommen, dass frische Erbsen irgendwo angeboten werden könnten. Ich habe das nie hinterfragt, hatte immer genug mit anderem Mist zu tun. Jetzt aber: Vor sechs Wochen haben wir die schrumpeligen Erbsen in den Boden gedrückt, vor vier Wochen standen schon sehr aparte, feste Pflänzchen an der gleichen Stelle, mit interessanten Blättern und verschiedenartigen Kletterarmen, vor zwei Wochen blühten die Erbsen ganz extrafein und lieblich. Eine blühende Erbse ist eine wirkliche Schönheit, das musste sogar das Fräulein zugeben, das sonst dem Gemüse nur wenige ästhetische Vorzüge einräumt. Wie kleine Orchideen, zartweiß und gelb, standen die Erbsenblüten kniehoch im Feld, umgeben von den drögen Zwiebel- und Kohlreihen der Nachbarn, die an dieser Stelle an unser Feld grenzen und deren Besitzer sich offenbar für osteuropäische Küche begeistern: Kohl, Kartoffeln und eben Zwiebeln, soweit das Auge blickte. Dagegen waren unsere Erbsen wir Prinzessinnen auf ebensolchen. Und knapp drei Wochen nach dieser Blüte hängen überall Erbsenschoten, zehn Stück an jeder Pflanze, zehn Pflanzen auf unserem Feld und in jeder Schote, wir haben nachgesehen, zehn kullerrunde, wunderbar hellgrüne Erbsen, so gesund und verrückt, wie man es sich niemals ausdenken könnte.

»Gesunde Erbsanlagen«, sage ich, und wir ernten, knipsen mit den Fingernägeln die Schoten ab, die wie kleine Rettungsboote ihre Kugeln festhalten. Ein ganzer Korb dieser Schoten kommt zustande. Es ist schön, bei jedem Besuch etwas Neues mitnehmen zu können, unser Programm zu erweitern. Jetzt haben wir Erbsen.

»Das sind gute Erbsen«, sagt das Fräulein überzeugt.

Die Radieschen allerdings sind hinüber, dafür kommt der kroatische Rettich mit stiller Wucht. Er ist rot und dick wie ein Männerarm und nicht sehr grazil. Wir nehmen mal zwei zur Probe mit. Daheim kümmern wir uns erst um die Erbsen und würden am liebsten van Gogh oder besser noch einen Bauernmaler wie Brueghel dazu einladen, um uns beim Erbsenpulen zu porträtieren. Eine aufrichtige Arbeit ist das: Schote aufziehen wie eine Milchtüte, mit dem kleinen Finger durchfahren und die Erbsen rauskugeln lassen. Wunderbar. Aber auch ganz schön aufwendig, nach einer halben Stunde haben wir die Hälfte unserer Schoten fertig, und die Schüssel, in der wir die Erbsen sammeln, ist immer noch erst halbvoll, allerdings derart herrlich grün glänzend, dass ich gar nicht erst versuche, das zu fotografieren. Vor lauter Palen und Pulen bekommen wir rasenden Appetit auf diese Erbsen und informieren sie mehrmals über ihr baldiges Ende heute Abend, was ungerecht klingen mag, aber es geht nicht anders. Aber was essen wir mit den Erbsen? DAS Erbsengericht schlechthin gibt es nicht, zumindest nicht in unserer Kocherinnerung. Erbswurstsuppe isst man auf der Berghütte, aber die schmeckt wirklich nur da. Schließlich, weil die Läden dichtmachen und der Hunger drängt, braten wir Fischstäbchen zu den Erbsen, weil es das im Kinderhort früher immer gab. Ich war nie im Hort, aber ich hatte immer ein unheimliches Verlangen nach allem, was es in diesem Hort zu essen gab, wenn wir Daheimkinder nach Hause mussten. Fischstäbchen mit Erbsen, also bitte.

Fragen Sie mich nicht, wie die Fischstäbchen schmecken, oder doch, ich weiß, sie sind deutlich schlechter als alle Fischstäbchen meiner Erinnerung. Aber die Erbsen, die frischen Erbsen machen beim ersten Bissen klar, dass ich überhaupt noch nie frische Erbsen gegessen hatte. Sie knacken, und dann spaziert dir der ganze Frühling über die Synapsen, nicht zu süß, nicht zu grün, perfekt: Erbsengeschmack. Enthusiastisch ist gar kein Ausdruck, wir springen durch die Küche, als hätten wir diese Gummihüpfbälle, die man als Kind unbedingt haben musste, um dann drei Sprünge darauf zu machen und festzustellen, dass sie für nichts taugten. Aber die Erbsen, die taugen was.

»Nächstes mal zehn Meter Erbsen!«, sagt das Fräulein am Ende allen Durchdrehens, und zum ersten Mal spricht sie damit aus, was bisher immer nur etwa einen halben Meter hoch in der Luft lag: Wir wollen nächstes Jahr weitermachen. Das Ackerding ist nicht mehr in der Experimentphase, es ist nicht nur ein One-Night-Gemüsestand, es ist was Ernsteres zwischen uns. Allein schon, weil das Fräulein auf eine Endlospapierliste all die Dinge aufschreibt, die wir nächstes Mal besser oder anders oder gar nicht mehr machen. Ich habe auch schon heimlich etwas dazugeschrieben, nämlich Kümmel und Meerrettich und dahinter ein Ausrufezeichen. Ich habe mich erkundigt, beides ist einjährig möglich und beides sind, wie ich finde, außerordentlich männliche Pflanzen. Die Meerrettichwurzel, von der man ja immer nur ein bisschen abhobelt, kann man das ganze Jahr im Tiefkühlfach aufbewahren. Sie gehört für mich zu den großen Geschmackswundern: Die schauerliche Schärfe des Meerrettichs, die sich stets anfühlt, als würde sie das ganze Hirn in Sekundenschnelle zu einem Konzentrat zusammenziehen, einmal gründlich feucht durchwischen und die Pupillen neu scharfstellen. Eine tolle Wurzel, die so etwas kann, und welch ein Triumph, das ganze Jahr etwas davon zu haben. Kümmel ist nicht ganz so brutal, aber sophisticated, auch wenn weite Teile meiner Verwandtschaft beim Stichwort Kümmel immer nur Verdauungsgeräusche machen. Aber er ist markant und reicht ebenfalls ewig, wir haben einen geschätzten Kümmelverbrauch von einem halben Glas / Jahr. Auf einmal bin ich besessen davon, möglichst viele Dinge in unserem Vorratsschrank aus eigener Kraft aufzustocken. Denn so herrlich die Erbsen waren (als die Schüssel neben den Fischstäbchen leerer wurde, haben wir wirklich abgezählt, wie viele jeder noch bekommt!), unser Ertrag reicht doch kaum für drei Essen, und das war's dann, bis zum nächsten Juni.

Dass es auch anders sein kann, erleben wir drei Tage später, als wir zum Geburtstag meiner Mutter fahren und dabei kurz und ungeplant am Feld vorbeischauen. Alles sieht ganz ordentlich aus, auch wenn es mal wieder regnen könnte. Allerdings ist meine Unkrautrechnung nicht aufgegangen. Die Strecke, auf der ich die ausgerissenen Stängel und Strünke fein säuberlich hinter mich geworfen hatte, sieht aus, als hätte es nie eine Säuberungsaktion gegeben, Grasbüschel und Löwenzahn sind einfach wieder angewachsen. Diese Entdeckung lässt sämtlich Gelenke wieder schmerzen, denn der Weg sollte natürlich auch einigermaßen unkrautfrei sein. Ein herber Rückschlag. Die Nachbarn haben Wege, die aussehen, als könnte problemlos die B2 für drei Tage darauf umgeleitet werden, so sauber und gerade und festgetrampelt sind die. Meine Pfade aber waren Dschungelpfade geworden. Das Fräulein sagt nichts, aber hmpfte ein paar Mal, und das Hmpfen, das kenne ich schon, das bedeutet, ich bekomme irgendwann später noch mal Genaueres zur Sache zu hören.

Die wirkliche Überraschung aber ist ein Areal, das wir bislang immer ein wenig übersehen hatten, die Spinatabteilung. Ich hatte immer beim Vorbeigehen gedacht, ach ja, der Spinat, der macht schon ein paar Blätter, na, mal sehen, was da noch kommt, demnächst. Das Fräulein aber sagt jetzt: »Oh, der Spinat, der treibt ja schon aus, den müssen wir ernten!«

Die kleinen Blätter sind der fertige Spinat, das war mir in dieser Drastik nicht bewusst. Jetzt aber stehen wir vor zwanzigtausend dunkelgrünen, handtellergroßen Spinatblättern, die laut Fräulein sofort geerntet werden mussten, sonst würde die Oxalsäure überhandnehmen, und alles wäre unbrauchbar. Das wollen wir nicht! Aber wie erntet man Blätter? Unser kleiner, formschöner Erntekorb ist dafür nicht recht geeignet. Von unserem Einkauf bei einem ortsbekannten Discounter haben wir aber zufällig Müllbeutel im Kofferraum, fünfundzwanzig Liter, weil unser Küchenmüll das interessante Fassungsvermögen von 22,5 Liter aufweist und wir entweder zu kleine oder zu große Müllbeutel kaufen, ganz nach Stimmung. Da hinein mit dem Spinat, die Zeit drängt. Ich schneide, das Fräulein schaufelt, nach zehn Minuten stehen wir mit vier prallvollen Säcken Spinat da wie überaus erfolgreiche Bankräuber, allerdings mangelhaft vermummt. Die Frau mit den kroatischen Rettichen hält gerade an der Straße, sie fährt einen dieser Polos, bei denen jedes Karosserieteil eine andere Lackfarbe hat. Als wir uns mit unseren Spinatsäcken vorbeischleichen wollen, stoppt sie uns, besser als jedes Stoppschild.

»Halt, ja wohin mit die ganze Spinat?«

Geistesgegenwärtig reicht das Fräulein einen Beutel in ihre Richtung. »Äh, möchten Sie sieben Kubikmeter? Ganz frisch!«, strahlt sie, wie sonst kein Fräulein auf der ganzen Welt strahlen kann. Ich würde ihr bei so einem Strahlen sogar einen Güterzug voll gebrauchter Faserpelzjacken abkaufen, obwohl doch heute alle nur noch Softshell- oder allenfalls Fleecejacken tragen. Aber die Kroatin ist hart wie unser Ackerboden, auf den es schon zehn Tage nicht geregnet hat. »Nix Spinat, gehst ma, hab ich Mangold!« Und stolz spaziert sie ein paar Meter in ihre Feldreihen und zeigt uns das bunteste und schönste Riesenblattgewächs, das wir überhaupt je gesehen haben.

»Mangold, Superpflanze« wird das Fräulein später auf ihre Endlosliste notieren. Wir haben immer noch vier mal fünfundzwanzig Liter Spinat und bugsieren die Fracht auf die Rückbank.

»Anschnallen!«, befiehlt das Fräulein, aber die Spinattrümmer rühren sich nicht. Ich habe die Zurückweisung der Rettichfrau noch nicht verwunden.

»Die alte Mangoldmutti, der hätten wir gleich mal sagen können, was wir mit ihrem Rettich gemacht haben.« Der generös verschenkte Rettich schmeckte nämlich holziger als eine Bierbank, nicht zu essen, wir haben ihn geschnitten, geraspelt und mit der Streitaxt bearbeitet, aber der Strunk blieb zäh. Als Bayer ist man geneigt, dem Rettich traditionsgemäß eine Hauptrolle unter den Gemüsen einzuräumen, aber das ist bei genauer Betrachtung eigentlich Quatsch. Rettich kann man nur im Biergarten zur Brotzeit essen, und dann muss man sehr dringend hoffen, dass es ein guter ist. Rettichsalat mag es auch noch geben, aber das war's dann.

Im Auto duftet es nach Oxalsäure. Wir erweitern das Geschenk für meine Mutter auf der Fahrt zu ihrem Geburtstagskaffee kurzerhand um einen Beutel Spinat. Sie sieht dann allerdings nicht aus, als hätte sie darauf gewartet, dass ihre kleine Küche jetzt zusätzlich von einem prallen, grünen Müllsack belagert wird. Noch dazu entert zusammen mit uns gerade der ganze Kirchenchor die kleine Wohnung, stellt sich auf ein Zeichen im Halbkreis um die Küchentür und bringt meiner Mutter und dem prallen Spinatsack ein allerliebstes Ständchen. Später erzählte sie mir, dass sie in diesem Moment akute Platzängste ausgestanden und sich mit dem Spinatsack am liebsten den Weg freigepuncht hätte. Ich habe aus Pietätsgründen bis heute nicht gefragt, was sie eigentlich mit der Großfamilienportion Spinat gemacht hat, die anderen unnützen Geschenke sammelt sie jedenfalls immer in einem bestimmten Schrank in der Garage. Da werde ich gelegentlich mal nachsehen.

Als wir spät am Abend einen Parkplatz in einem fast an unseres grenzenden Viertel gefunden haben und müde die Spinatsäcke und Reste des Geburtstagskuchens die paar Kilometer in unsere Wohnung schleppen, können wir nicht umhin festzustellen, dass sie erstaunlich leicht geworden sind. Im Schein der Küchenlampe dann, bestätigt sich unsere vage Vermutung. Die Spinatblätter sind gänzlich eingegangen, zusammengeschnurrt, vertrocknet, verwelkt, welches Verb auch immer für Spinatblätter nach fünf Stunden im Kofferraum das richtige ist. Wir sind natürlich erschüttert, wenn auch vielleicht nicht in dem Maße wie an jenem Tag vor zwei Wochen, an dem wir feststellten, dass unsere ehemals besten Radieschen sich im Gemüsefach des Kühlschranks in schrumpelige Dinger verwandelt hatten, optisch nicht weit weg von den Adamsäpfeln sehr alter Bergbauern. Die halbe Tonne Spinat hätte unsere Küchenlogistik zwar sowieso überfordert, aber ein bisschen was davon hätten wir doch gerne probiert. Wir haben dafür extra die ganze Fahrt die Spinatgerichte überlegt, die uns bekannt waren und umsetzbar schienen. Lange Zeit war es da sehr still gewesen im Auto, dann hatte das kluge Fräulein »Spinatlasagne« gesagt, was mir genau der richtige Zwischenweg zwischen vernünftig vegetarisch und doch nicht allzu ätherisch zu sein schien. Ich musste immer an die Begriffe »Spinatwickel« und »Spinatwachtel« denken, konnte die dazugehörigen Gerichte aber nicht konkretisieren. Oder waren das Krautwickel?

»Zur Not machen wir eben Pesto draus, Pesto kann man aus allem machen, was grün ist«, sagte meine Beifahrerin und gab damit wieder eine Kostprobe ihrer praktischen Intelligenz. Pesto! Man füllt es mit viel Öl in viele kleine Gläser und verschenkt die eine Hälfte und die andere vergisst man im Schrank.

Jetzt sieht es allerdings so aus, als würde es weder Pesto noch Spinatwachteln, noch Spinatlasagne geben, denn unsere ehemals unerschöpflichen Spinatvorräte sind hin. Ich schleppe sie missmutig zur Biotonne, die in den letzten Wochen zu einer verlässlichen Freundin des Hauses geworden ist. Tatsächlich fällt ganz schön viel Abfall an, wenn man sein Gemüse so direkt abholt. Abfall und Dreck, um genau zu sein, wobei der Dreck schlicht und einfach Erde ist. Wer sein Gemüse nur aus dem Supermarkt kennt, macht sich ja keinen Begriff davon, wie dreckig Rettich und Radieschen, Salate und Spinate von ihrem Leben auf der bloßen Erde werden. Wir haben von Fräuleins Eltern zu Beginn des Ackerabenteuers eine Gemüsebürste geschenkt bekommen, die wir zunächst dekorativ an die Wand der Küche hängten, an der wir nettes, aber unnützes Zeug sammeln. Aber schon bei den ersten Radieschen tat diese Bürste gute Dienste, und bis heute wird sie kaum trocken.

Kopfsalate haben in jeder Lage ihrer vielschichtigen Frisur eine feine Schicht Erdstaub, an Rettichen klebt zäher Lehm, und von den ersten Kornblumensträußen, die sich langsam bei uns einschleichen, muss man immer eine Menge unten abschneiden, damit sie in unsere Vasen passen. Es ist nicht schlimm, dieser Kollateralabfall, aber es fängt eben langsam an zu knirschen. Es knirscht, wenn wir Gemüse in nicht haushaltsüblichen Mengen vorbei an Schwabinger Straßencafés schleppen und durch ein enges Treppenhaus in den zweiten Stock. Es knirscht in unserem Abfluss und zwar nicht nur in dem des Küchenbeckens, sondern auch in der Dusche. Es knirscht an der Stelle, an der wir unsere Ackerklamotten abzuwerfen pflegen, es knirscht im Auto, und auch im Kühlschrank knirscht es schon ein wenig. Unsere Nagelbürste ist bereits jetzt aufgearbeitet, genau wie unsere Rücken vom Bücken. Mir wird bewusst in diesen Tagen, warum Bauern auf dem Land wohnen und nicht in der Stadt, obwohl sie da vielleicht manchmal lieber wohnen würden, um auch mal nachts mit dem Skateboard die Treppe zur U-Bahn runterzudonnern. Aber nein, bei diesem ganz Dreck, den die Beförderung von Grüngut von A nach B mit sich bringt, bei den vielen Blättern und Stielen, die Mang wegschneiden muss (so ein paarinterner Witz von uns: Wenn in einem Satz das Wörtchen »man« und das Verb »schneiden« vorkommt, machen wir daraus immer Mang, nach dem berühmten, gruseligen Schönheitschirurgen vom Bodensee), ist es einfach klüger, auf dem Land zu sein, wo man Platz hat und Schmutz machen kann. Ich wünsche mir heftig einen kleinen Traktor mit einem Anhänger, statt unsere Erntekörbe immer auf den Rücksitz und in den stoffbezogenen Kofferraum zu wuchten. Wer in Wolfsburg hat entschieden, dass Kofferräume mit Teppich bezogen sein sollen? Sie müssten abwaschbar sein, mit einem Gartenschlauch! Ich wünsche mir einen kühlen Lagerraum und einen Arbeitsraum mit Hochdruckstrahlgerät, mit dem ich erst die Rettiche, dann die Stiefel des Fräuleins und schließlich den kleinen Traktor und meine Fingernägel säubern könnte. Ich will nicht alle schmutzigen Schaufeln in den zweiten Stock tragen müssen, ich will Schuppen und Ställe und einen blauen Arbeitsjanker, wie ihn der Bauer Hubert immer trägt. Sein Bub hat auch schon einen, in Bubengröße, der würde dem Fräulein perfekt passen, sie würde aussehen wie Lieselotte Pulver, wenn sie mal wieder einen falschen Knaben spielen muss.

Als ich ihr nach der Spinatbeseitigung diese Erkenntnisse über das wachsende Knirschen in unserer Umgebung mitteile, klinge ich offenbar etwas verzagter als beabsichtigt, denn sie nimmt mich ohne weitere Umschweife in den Arm. »Schau«, sagt sie, »es wäre doch nicht das Abenteuer, das es jetzt ist, wenn wir die Sachen nur dreihundert Meter weiter auf unseren Hof befördern müssten. Wahrscheinlich wäre es dann nur Alltagsarbeit, und wir hätten nicht mehr diese Freude an jedem Salatkopf und an jedem Blatt, das wir heil hier in unsere Wohnung bringen. Der Luxus ist doch, dass wir in der Stadt leben, aber auf dem Land ein kleines Stück Feld für uns arbeitet, und wir uns dort bedienen dürfen. Best of both worlds, you know!«

Sie hat recht, wie immer, und ich nicke schlotternd und bebe in der Art nach, wie es Kindergartenkinder nach ihrem überstanden Heulkrampf tun, ich weiß nicht, wie man das nennt, nachschüttern vielleicht.

Immer wieder, die ganze Saison hindurch denke ich trotzdem über das Knirschen nach. Es ist so, wie soll ich sagen, entlarvend. Wir sind gewohnt, dass wir alle Dinge auf unsere Ansprüche hinbiegen können und dass alles auf unsere Vorstellung maßgeschneidert anpassbar ist, mit etwas Mühe vielleicht, aber machbar. So sind wir erzogen worden, als perfekte kleine Individualisten, die sich im großen Supermarkt des Lebens genau das in den Wagen legen, was zu ihrem Entwurf passt. Wir sind Wechselwähler und Wechselreligiöse, wir hören auf unserem iPod Beastie Boys, Beach Boys und Bach hintereinander, ohne dass jemand das seltsam findet, tragen gerne gute Krawatten und genauso gerne uralte Chucks, wir können die Städte und die Kontinente ziemlich problemlos wechseln, solange wir uns noch in einer Welt befinden, die sich WiFi nennt und mit USB-Sticks klarkommt. Ein tolles Leben, ziemlich frei. Aber so ein einfacher Wunsch wie Land- und Stadtleben, die bei uns ganze fünfundzwanzig Kilometer auseinanderliegen, zu verbinden, dabei kommen wir und unsere Strukturen an unsere und ihre Grenzen. Natürlich geht alles irgendwie, aber ganz richtig ist es nicht. Der Kühlschrank ist zu klein, der Keller viel zu warm, die kleinen Steine zwischen unseren Schulsohlen zerkratzen das Parkett, die Lichtschalter haben sehr dunkle Stellen von unseren dauerschwarzen Fingern, der Spinat verdirbt uns, weil wir ihm kurz nicht genug

Aufmerksamkeit schenken, und wir selber sind so sehr mit der Organisation dieser ganzen Kleinigkeiten beschäftigt, dass wir regelmäßig vergessen, das Ganze zu genießen.

Denn das soll es ja eigentlich, Spaß machen, die aufgewertete Nahrungsbeschaffung kommt erst an zweiter oder dritter Stelle. Das Schönste ist eigentlich immer noch der Moment, in dem wir aus dem Auto steigen, der erste Blick. Wer schon mal im Besitz von Enkeln war, der kennt das:

»Wie du gewachsen bist! Ich weiß noch, wie du soooo klein warst …«

Nun, unser Acker ist wie zwanzig Enkel. Nur, dass er nicht zu uns kommt, sondern wir zu ihm, und zwar jede Woche. Jedes Mal ist er kaum wiederzuerkennen! Wie das alles wächst! Rote Beete, ich weiß noch, wie du sooo klein warst!

Unsere Beziehung zu den Pflanzen ist sehr eng geworden, deswegen ist der Enkelvergleich durchaus brauchbar. Die gemeinsam verbrachte Zeit plus die Zeit, in der wir in der Stadt stumm und sorgenvoll die Hände ringen, haben uns zusammengeschweißt, und ja, es sind regelrechte Freundschaften entstanden. Die Petersilie zum Beispiel, die war am Anfang ganz schüchtern, hat nach vier Wochen kaum aus der Erde geschaut, krauste winzig und etwas irr vor sich hin. Aber letzte Woche überraschte sie mit hundertprozentiger Verdoppelung, war auf einmal eine elegante junge Dame mit wilder Frisur, hatte sich ausgebreitet und duftete gut. Ich natürlich: sofort verknallt, die ganze Zeit bei ihr gestanden, bisschen gestreichelt.

Das liebe Fräulein hat dagegen was mit dem Borretsch laufen, den ich für einen ziemlich borstigen und flegelhaften Gesellen halte. Er ist jetzt die höchste Pflanze auf dem Acker, ein Emporkömmling mit dicken Stengeln und fleischigen Blättern, aber, ha, wenn man ihn abschneidet, geht ihm innerhalb von Minuten die Luft aus. Das liebe Fräulein redet mit ihm, lobt seine mickrigen blauen Blüten, und was das Schlimmste ist: Sie hat ihn sogar nachgesät! Ich habe die beiden in flagranti beim Vermehren zwischen den Kartoffeln ertappt. Ich verstehe wirklich nicht, was sie an dem Borretsch findet, das muss irgendwas mit einem Roman zu tun haben. Wenn sie jedenfalls bisher komische Wünsche hatte, hingen die immer mit Büchern zusammen.

Bisherige komische Ideen des lieben Fräuleins:

- Sommerfrische in Baden-Baden machen,
- Madeleines backen,
- eine italienische Zaubervorstellung ansehen,
- mit dem Fahrrad einem Zeppelin hinterherjagen,
- unbekannte Verwandte in Czernowice finden.

Einig sind wir immerhin in unserer Missachtung der Gladiolen, von denen wir eigentlich nur deswegen welche gepflanzt hatten, weil keine zwei Kilometer weiter ein Gladiolenfeld zum Selberpflücken einlädt und wir deswegen dachten: offenbar der perfekte Ackergaul, die Gladiole. Aber stattdessen, solche Angeber! Schießen erst ganz schnell ihre eleganten Schwertblättern aus der Erde, tun dann immer so, als würde sie das ganze Ackergekreuche und die Nachbarschaft (in unserem Fall immerhin: französische Schalotten) nichts angehen, und jetzt müssen wir langsam einsehen: Das wird nix mit Blühen bei denen, stattdessen gibt's nur vertrocknete Schwertblätter und übles Abgeknicktsein.

Viele Pflanzen auf unserem Acker sind gerade am Ende ihrer Pubertät, das macht es nicht gerade einfacher. Sie können nun zwar alleine stehen, und ihnen sind Blätter und sogar Blüten gewachsen, aber so richtig reif sind sie doch noch nicht, und manche geraten jetzt schon auf die schiefe Bahn. Die paar Kohlrabi etwa, die hinten neben dem ehemaligen Spinatmeer stehen, haben alle einen Riss in der kleinen Birne, äh, im Rabi. Keine Ahnung, bei welchem Anlass sie sich den geholt haben.

Dann die armen Gurken, die schon immer mit ihrem pickligen Aussehen zu kämpfen hatten und jetzt auch noch: magersüchtig! Ein paar winzige Blüten haben sie aus ihren ausgemergelten Körpern hervorgebracht, wir geben Steinmehl, wir gießen und häufeln, aber sie wollen einfach nicht zunehmen. Man steht hilflos dabei.

Im Gegenzug wird der Kürbis immer fetter, der war ja als Baby schon so ein Brummer! Jetzt nimmt er bald zwei Quadratmeter ein, sein Jugendzimmer platzt aus allen Nähten, nichts passt ihm mehr.

In der Rote-Beete-Clique wiederum wurde uns ein

bisschen zu viel geschwätzt, die hockten ja alle aufeinander, deswegen mussten wir die Halbwüchsigen auseinandersetzten – prompt sind zwei davon sofort eingegangen. Die anderen geben uns jetzt die Schuld, aber, hey, wir wollten doch nur ihr Bestes. Es ist eben ein schwieriges Alter, und manches versteht man als besorgte Ackereltern eben einfach nicht.

Ende Juni

Ich gebe es ja zu, ohne Blumen wäre unser Feld nicht so schön, wie es zurzeit ist. Wo die Nachbarn meilenweit nur Karottengrün und langsam gilbendes Kartoffellaub bieten, blühen seit letzter Woche unsere Ringel- und Kornblumen, Malven und Zinnien sind auch unterwegs. Und noch hübscher als die Aussicht in so eine Malve ist der Anblick des Fräuleins, wenn es zwischen dem Geblüh herumspringt. Unsere Wohnung quillt über von großen, mittleren und Soloblumengebinden, Vasenverkäufer aus Venedig warten im Vorgarten, und wenn es nachts still ist, hört man, flap-flap, sehr viele Blütenblätter sanft auf unserem Parkettboden landen.

Es fällt mir schwer, in der Redaktion den Zauber dieses heimischen Blumenmeers zu vermitteln, was wohl daran liegt, dass nicht nur Visconti-Fans dort arbeiten, sondern ganz normale Männer, mit ganz normalen Männerinteressen wie Fußball und Grillen. Mit dem Begriff Kornblumenblau kommt man da also nicht weit, trotzdem würde ich gerne die Freude teilen, die mir jeder der großen Kornblumensträuße macht, die das Fräulein an strategisch guten Ecken unserer Zimmerfluchten aufgestellt hat. Wenn ich mich morgens rasiere, sieht mir eine einzelne Kornblume dabei zu und schmeichelt meinem Spiegelbild. Wenn ich am Schreibtisch sitze und schreibe, steht schräg links hinter dem Bildschirm ein Ringel-Kornblumensträußchen, das in ganz Blau und ganz Gelb die schönste Ablenkung ist, die sich ein Auge vorstellen kann, das zehn Stunden am Tag auf Word-Dokument-Wüsten blickt. Auf dem Küchentisch, auf der Kommode und überall in Fräuleins Zimmer stehen die Blumen. Es ist Luxus, das ist mir klar geworden. Der einzelne Blumenstrauß, den man sich mal kauft, ist okay, aber diese verschwenderische Möglichkeit, hundert Blumen vom Feld mitzunehmen, die eine Woche lang die Wohnung neu möblieren, das ist ein luxuriöses Vergnügen für Operndiven, Visconti – und uns.

Einzelkritik

Ringelblumen

Die Ringelblume ist der Volkswagen unter unseren Ackergewächsen. Sie sieht so aus wie die Blume, die ein Kind zeichnet, wenn man ihm sagt, es möge doch bitte eine Blume zeichnen. Es sind also Comicblumen, Paradeblumen und deswegen ein bisschen ordinär, findet das Fräulein. Ich finde das nicht. Ich mag die Ringelblume, auch wenn ich mir noch keine Handschrundensalbe daraus herstelle – vielleicht in zwanzig Jahren einmal.

Das Gernhaben fängt schon mit dem Samen an, sichelige, lustige Halbmonde, die man wild verteilen kann, denn die Ringelblume ist hart im Nehmen, wächst auch zwischen zwei Steinen hindurch und am Rand der Straße. Schlechte Erde, schlechte Luft, wenig Wasser, das steckt sie alles weg. Sie teilt aber auch gerne aus, nämlich sich selber. Im Herbst sind die Blütenstände vertrocknet, und die Samen streuen beim kleinsten Windhauch leise raschelnd heraus, streuen in jeden Hosenumschlag und von dort in die ganze Welt und bis in mein Arbeitszimmer. Bis es mit dieser vorwinterlichen Selbstverschickung so weit ist, legt die Ringelblume aber eine überaus achtbare Kondition an den Tag. Sie wächst schnell, blüht schon unterwegs mal kurz und wächst weiter, blüht und blüht und setzt immer neu an. Es gibt Phasen in jedem Garten, wo dummerweise nichts blüht, da springt dann immer die Ringelblume ein. Sie ist eine der Ersten, die anfängt, Leistung zu zeigen, und Ende Oktober ist sie trotzdem immer noch da. Sie ist sonnengelb, aber dann auch wieder aus einer Laune heraus mal tieforange, sie dreht sich gutmütig nach dem Licht und nimmt es einem nicht allzu übel, wenn man sie abschneidet und danach noch zwei Stunden im Korb im Kofferraum kutschiert. In der Vase steht sie wie eine Eins, und auf dem Feld wachsen aus einem geschnittenen Trieb drei neue. Ihre Blätter strauchen nicht im Weg, sie bildet keine

Knäuel wie die Wicken, keine Büsche wie die Malven, nervt nicht rum oder fängt an zu stinken. Ihre Höhe ist gerade guter Durchschnitt, Volksblume eben. Freilich, im Mehrjahresgarten muss man die Ringelblume ein bisschen im Zaum halten, sonst hockt sie sich bald überall rein. Aber auch in dieser Hinsicht gibt es gibt Schlimmeres, Pfefferminze zum Beispiel.

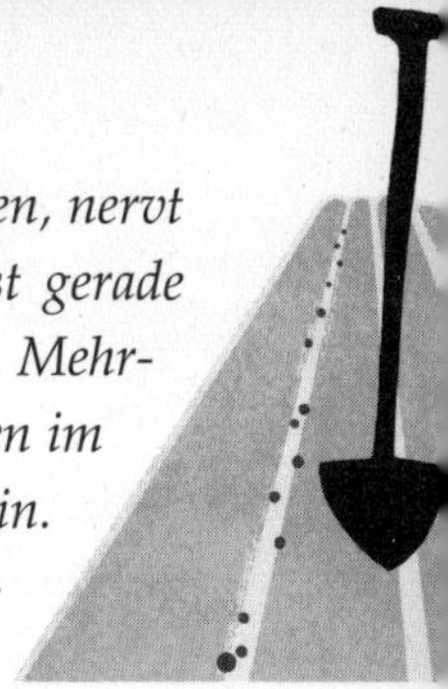

Die Blumenliebe des Fräuleins ist mir aber auch manchmal etwas unheimlich, weil sie ihre größte Erfüllung im Verspeisen findet. Sie hatte das schon immer. Schon bevor N24 Trendkochreportagen über essbare Blumen brachte, zupfte sie an den mitgebringselten Stiefmütterchen unserer Gäste herum und schmuggelte die Blüten auf die Teller. Darüber fielen zunächst alle vor Entzücken in Ohnmacht, um später freilich die Blumendeko in der Serviette verschwinden zu lassen. Einzig das Fräulein kaute sie mit Appetit und juchzte vor Vergnügen. Blüten auf dem Essen, das passt einfach so gut zu Gartenfesten mit Lampions, findet sie. Nach der Eroberung unseres Ackerstreifens waren deswegen auch schneller, als ich MozzyMabuse sagen konnte, zwei Meter mit einer essbaren Blumenmischung besät. Ich habe genau hingesehen: Das liebe Fräulein leckte sich dabei hungrig die Lippen.

Nun, über der Hagelaffäre, der Kohlfliegenkrise und dem Spinatcrash vergaßen wir die essbare Blumenmischung, und erst als überall Kosmeen und Dahlien um die Wette hübschen, steht das Fräulein in ratlosem Pullover am Feldrand und fragt: »War das hier die Stelle mit den Essblumen? Oder das?«

Mein Beitrag »Ich dachte, die waren am anderen Ende« hat auch nicht gerade Leyendecker-Format.

Mit der Beschriftung unserer Feldstreifen ist es doch ein wenig so gelaufen wie mit der Kartonbeschriftung bei einem Umzug. Nachdem man einhundertundvier Kartons mit »Keller« und »Speicher« beschriftet hat, denkt man: »Die fünf großen, wichtigen Kartons erkenne ich auch unbeschriftet wieder.« Wenige Tage später stellt man dann fest, dass der nächste Lebensabschnitt nicht wie geplant der Gründung einer Familie, sondern der Suche nach den fünf großen Kartons anheimfällt.

Wir haben wirklich gut beschriftet, aber mit der Zeit sind die Holzschilder umgefallen, beim Jäten verschüttet oder als Material für einen Ameisenstaudamm missbraucht worden. Und meine ausgeklügelte und astrein von der Gartenzeitschrift abgeschaute Methode, mit wasserfestem Stift formschöne Feldsteine zu beschriften, mag für den verhätschelten Kräutergarten daheim dienen, auf dem harten Feld ist sie ungenügend. Die Schrift auf den Steinen ist kaum mehr zu entziffern, entweder ist also der Edding nicht landregengeprüft oder aber, was durchaus möglich ist, ich habe nicht den Stein direkt beschriftet, sondern eine Schmutzschicht, die sich langsam verabschiedet. Jedenfalls wissen wir nicht mehr, wo die zwei Meter mit Essblumen sind, überall wuchert Blühzeugs in den geschmackvollsten Farben.

Die Situation spitzt sich zu, da das Fräulein partout gewillt ist, die ganze nächste Woche herrliche Sachen mit Essblumen zu machen, während ich partout gewillt bin, in dieser Angelegenheit nicht voreilig zu handeln, und zwar zwecks Fortlebens. Denn so schön eine Dahlie der Sorte »Firecracker« aussieht, besonders untödlich wirkt sie auf mich nicht.

Misstrauisch gehen wir also an diesem Samstag nach Pfingsten durch die Reihen, riechen und lecken an Blüten und Blättern. Klar: Kapuzinerkresse und Ringelblume kennen wir als taugliche Salatpflanzen, aber schon bei den Kornblumen ist das Fräulein ganz und gar nicht sicher, geschweige denn bei Tagetes und Aster.

»Die Jungfer im Grünen ess' ich jedenfalls nicht«, sage ich.

Es hilft nichts, das Fräulein packt an diesem Tag zu den Schmucksträußen auch noch einen, der einen repräsentativen Querschnitt unserer bis jetzt blühenden Feldblumen beinhaltet. Abends sitzt sie damit vor dem Computer und forscht der Verdaulichkeit jeder Blüte hinterher. Vor dem Fernseher liegend, schaue ich gerade in dem Moment zu ihr hinüber, als sie dabei ist, sich seelenruhig eine tennisballgroße und tennisballfarbige Dahlie in den Mund zu stecken.

»Die Kornblumen kann man auch!«, mampft sie in meine Richtung.

»Man spricht nicht, wenn man noch Dahlie im Mund hat!«, sage ich. Aber eher nett als streng.

Später gesteht mir die Madame netterweise dann doch, dass ihre Begeisterung beim Blumenfraß über weite Strecken nur gespielt war und dass die Enttäuschung vor allem darin bestand, dass die Blüten gar nicht rosa oder azurblau geschmeckt hätten, sondern mehrheitlich nach grüner Wiese.

Wegen der Essblumen hatten wir aber etwas anderes noch gar nicht besprochen, was mich heute alarmierte. Es hat seit fast drei Wochen nicht geregnet. Im Fernsehen zeigen sie gerade fränkische Bauern, die bedröppelt neben ihren Ähren stehen und von dreißig Prozent Ernteausfall reden und dass es für sie dieses Jahr allenfalls noch zur Sieger-, aber keinesfalls zur gewohnten Ährenurkunde reichen wird. Ich rufe das Fräulein zu diesen traurigen Bauernopfern, denen wir uns natürlich umgehend seelenverwandt fühlen. Eine Dürre jetzt gerade, wo die meisten unserer Pflanzen kurz vor der erfolgreichen Adoleszenz stehen, wo wir sie durch Hagel und Unkraut gebracht haben, das wäre sehr gemein. Es fühlt sich aber auch ein bisschen biblisch an – wir beide hier, mitten in Schwabing, vereint in der Furcht vor der großen Dürre. Es stimmt, bis zum heutigen Tag haben wir unser Feld kein einziges Mal gegossen, für einige Salatpflänzchen hatten wir beim Einsetzen unsere Trinkwasserflasche geopfert, aber das war es auch an künstlicher Bewässerung. Alle Menschen mit andelsüblichen Hausgärten im Rücken können es nicht glauben, dass wir nicht gießen, woraufhin ich immer etwas triumphaler als nötig sage: »Aber der Bauer gießt sein Maisfeld ja auch nicht!« Über diesen Sachverhalt sind sich zwar einige nicht so sicher, aber keiner sagt mehr was.

Zusammen mit der Absenz jeglicher Schnecken ist das eigentlich die wundersamste Erkenntnis, die wir lernen durften: So ein Ackerboden speichert die Feuchtigkeit noch problemlos, wenn man den Hausgarten längst wässern müsste. Wenn wir mal unsere Hände einen Klafter tief in die Erde wühlen, ist es da unten immer noch kühlfeucht und schwer, auch wenn die Oberfläche schon staubig ist wie die Puderdose von Liz Taylor selig. So ganz erklären konnte Bauer Hubert das neulich nicht, warum der Gartenboden von, sagen wir, einem Reihenhaus in Fröttmaning nach drei Hitzetagen komplett ausgetrocknet ist und der Ackerboden nach zwei Hitzewochen nicht. Liegt's an der schieren Größe der Ackerfläche, an der schieren Masse an Kubikkilometern Erde, die hier unter unseren Füßen wartet? »Tau«, meinte Herr Hubert noch, wobei ich erst gar nicht verstand, was er sagte, weil er seinen Traktor nicht extra ausgeschaltet hatte für unseren kleinen Stalltalk. »Da Dau!«, hatte er gerufen. Und ich dachte eine Sekunde lang wirklich, er würde den US-Aktienindex für die gute Feuchtigkeit unseres Feldes verantwortlich machen. Erst als er auf mein verständnisloses Gesicht hin den Traktor aus und sein Hochdeutsch einschaltete und mit der Zungenspitze »Mor-gen-tau« in meine Richtung buchstabierte wie für einen totalen Trottel, fiel bei mir der Groschen. Auf großen Flächen und Feldern würde der Morgentau eine wichtige Rolle bei der Feuchtigkeitsversorgung spielen. Aha. Bei Reihenhausgärten in der erhitzten Stadt aber fiel der deutlich geringer aus, mutmaßten wir anschließend beide.

Allein war ich danach mit der Idee, ältere Damen aus der Stadt über Nacht auf Landwiesen zu legen, damit der Morgentau ihnen mehr Feuchtigkeit spendet als alle Faltencremes zusammen. Ich habe diese Idee noch nie jemandem erzählt, und niemals würde ich sie zum Beispiel auf Papier niederschreiben.

Jedenfalls sind wir angesichts der großen Dürre im Fernsehen nicht mehr ganz so zuversichtlich, was die Versorgung mit Wasser betrifft. Die Erde war auch diesmal eine Gartenschaufel tiefer genauso brüchig und hart wie an der Oberfläche, und der Wetterbericht macht uns und den wackeren fränkischen Landwirten keine große Hoffnung: hochsommerliche Temperaturen und nur gelegentlich Gewitterschauer.

Nach zwei weiteren Tagen ohne einen Tropfen Wasser rufen wir das Gartentelefon an. Das Gartentelefon ist die

Privatnummer von Frau Haindl, die sie uns für alle Probleme und Fragen rund um unsere Ackerstreifen nachdrücklich empfohlen hat, als 24-Stunden-Servicehotline. In Sekundenbruchteilen wird der Hörer abgehoben.

»Jawoi, Haindl!«

»Scharnigg hier, grüß Sie, Frau Haindl!«

»Ah, der Stadterer, Eahna hab ich fei scho früher erwartet.«

»Was, wieso?«

»Ja mei, so hoit, passt leicht bei eich ois am Feld, ja?«

»Ja, äh, alles gut, bis jetzt, das heißt, jetzt fürchten wir die Dürre, Frau Haindl, die fränkischen Bauern im Fernsehen …«

Sie lässt mich nicht ausreden.

»Wos, wos, wos bin i? Dürre? Fait da Regn?«

»Ja, genau, der Regen fehlt, seit drei Wochen, und der Morgentau allein …«

»Des passt scho, die andern ham a scho an Bauern gfragt, ob er an Odelwagen voi Wasser aufs Feld zarrt, hahaha.«

»Und?«

»Der hot nur glacht, also des passt scho, gell, und teats fei allaweill des Stoamehl auffi, gell. Wiedahörn!«

Damit legt sie auf. Das Fräulein erkundigt sich nach den Erkenntnissen, die die Gartenhotline gebracht hat.

»Passt scho!«, sage ich.

Während die Stadt die nächsten Tage geschlossen in kurzen Hosen über den tollen Sommer jubiliert, sind das Fräulein und ich die einzigen Miesepeter, die sich nach einer dunklen Wolke sehnen. So entfremdet man sich ziemlich leicht von der urbanen Solidargemeinschaft, die einen umgibt. Zum Glück ist die aber ohnehin nicht sonderlich ausgeprägt.

Als wir am Abend zum Grillen an die Isar radeln und unseren Freunden den dringenden Wunsch nach einem schönen Genua-Tief vortragen, sind sie immerhin so freundlich, nicht allzu offensichtlich den Scheibenwischer zu machen. Das kleine Grillfest bietet übrigens eine gute Gelegenheit, mit unserem Salatüberschuss aufzuräumen. Tatsächlich war es nämlich ziemlich unklug, zwanzig Salatpflänzchen in exakt der gleichen Größe zu pflanzen, denn davon sind achtzehn durchgekommen und genau gleichzeitig zu perfekten Köpfen geworden. Als es so weit war, hatten wir drei Stück geerntet und der Fräuleinschen Mutter gestattet, sich auch zwei zu holen. Beim nächsten Besuch waren die Köpfe schon größer und etwas verwildert und die Außenblätter ganz schön ledrig. Wir nahmen noch mal drei mit, mehr konnten wir uns beim besten Willen nicht vorstellen. Diese nicht ganz durchdachte Planwirtschaft führte dazu, dass wir heute morgen am Feld vor ziemlichen Wirrköpfen standen, die früher mal die zartgrünen Hoffnungsträger unseres Feldes waren. Ja, Salate wachsen aus und zwar auf eine eher unerwartete Weise: Ihnen platzt der Kopf. Daraus wächst ein langer Stängel mit allerlei Blütenbalkonen. Klingt nach Alien? Erschrocken waren wir jedenfalls auch, irgendwie bin ich fest davon ausgegangen, dass Gemüse einfach immer größer wird, je länger es von der Ackererde naschen darf. So kannte ich das von Zucchini, wenn man die in Ruhe lässt, dann sind sie irgendwann so groß wie ein U-Boot, und man kommt nicht mehr zur Gartentür rein. Nun, Salat verhält sich ganz offenbar anders.

Eilig rissen wir acht noch akzeptable Salatköpfe aus ihren Stellungen und verarbeiteten sie, wieder in der Stadt, zu einem wirklich großen Salat. Wenn man sich mit anderen zum Grillen trifft, wird ja immer viel Gewese darum gemacht, wer welchen Salat mitbringt. Das könnte man sich eigentlich sparen, denn am Ende sind es immer genau zwei Nudelsalate und ein irgendwie exotischer Linsen-Tofu-Orangen-Salat auf dem Tisch. Und natürlich ein Kartoffelsalat, der aber überhaupt nicht gut schmeckt, weil er nicht von meiner Mutter ist. Diesmal jedenfalls füllten wir eine Kinderbadewanne voll mit unseren besten, letzten Kopfsalatblättern, gaben letzte Rettiche dazu und übertünchten das Fehlen weiterer Ackergaben mit enormen Mengen an Petersilie. Was soll ich sagen, das Hallo angesichts des Riesensalates am Abend ist groß, die Kinderbadewanne, die ja netto nichts als einen ziemlich langweiligen Salat enthielt, wird bis zum letzten Tropfen Fake-Balsamico ausgelöffelt, und alle schwärmen von der ganz anderen Frische des selbstgezogenen Zeugs. Das Fräulein und ich lassen uns das natürlich gerne gefallen und sind stolz. Alle finden es toll, alle wollen nächstes Jahr auch mitmachen.

Irgendwie hat sich in der Stadt was verändert. Als wir im letzten Herbst mit der Schrebergarteenidee anfingen, fühlten wir uns ziemlich allein, und bis heute sind wir immer darauf gefasst, deswegen in eine Ecke mit Liegeradfahrern und Nudisten gestellt zu werden: als verschrobene Begleiterscheinungen also in Ballungsgebieten. Diesen Sommer aber beginnt es an so vielen Ecken in der Stadt zu grünen, dass wir gar nicht mehr so auffallen. Da gibt es die Guerillagärtner, die in jedem Trendmagazin auftauchen und Straßeninseln und Gehwegstreifen mit ihren Seed Bombs zum Blühen bringen. Sie sind die radikale Speerspitze einer ziemlich breitwachsenden Gruppe von Städtern, die sich nicht nur enorm für ihre Lebensmittel (erst bio, dann zunehmend auch bio-regional) interessiert und sie sogar ein bisschen romantisiert. Alle kochen schließlich auf einmal Marmelade nach Omas Rezept, suchen Bärlauch, füllen ihren eigenen Holundersirup ab. Es gibt eine Bewegung, die herrenlose Apfelbäume am Straßenrand ausfindig macht und via Internet zum Abernten empfiehlt. Junge Berliner kaufen ein Areal mitten in der Stadt und richten einen Gemüsegarten ein, in dem jeder einkaufen kann, was er braucht. Stadtimker bekommen den Status von Rebellen und lehren Hipstern ihr Handwerk, und in den USA schreibt eine Loha-Bloggerin ein Buch über Hühnerhaltung im Hinterhof, das zu einem Nischenbestseller wird. In München gewinnt ein Team von jungen Stadtplanern einen Zukunftswettbewerb mit einem visionären Gartenstadtteil, in dem die Bewohner ganze Felder und Plantagen gemeinsam bewirtschaften sollen und eine Straßenbahn die Ernte vom Stadtrand bis zum Viktualienmarkt fährt. Doch, doch, das war ein richtig ernster Wettbewerb! Außerdem bietet die Stadt interessierten Familien auf einmal Nutzgärten an, die allerdings von den Stadtgärtnern bestellt werden, man kann nur zum Gucken und Ernten hinfahren. Das finden wir natürlich etwas simpel und leicht am Ziel vorbeigeschossen – die richtige Freude am Gärtnern entsteht doch nur, wenn man vom ersten Samen an involviert ist und begreift, wie nah Gedeih und Verderb zusammenliegen. Und dann sind da noch die 800000 Menschen, die monatlich das Magazin »Landlust« kaufen, in dem sie eine gepflegte Verklärung des Landlebens erwartet, featuring alte Stachelbeersorten und Shabby-Schlüsselbretter aus Treibholz. Das alles sind kleine und große Signale, dass eine Bewusstseinänderung stattfindet und man allgemein nicht mehr nur an Orchideen und Bonsai denkt, wenn es um Pflanzen in der Stadt geht.

Die Gartenlust geht um, und wir sind irgendwie mittendrin in der Bewegung, ohne es darauf angelegt zu haben. Aber wir hätten auch weiterhin gern einen Garten. Denn so interessant unser kleines Experiment auf dem Ackerstreifen verläuft, er ist eben kein Garten. Ein Garten zieht einen Großteil seines Charakters aus dem Umstand, dass alte und junge Pflanzen zusammenstehen, dass Blumen, Stauden, Büsche und Bäume dabei sind und dass alles zusammen jedes Jahr weiter ineinander verwächst. Ein Garten schafft Plätze und Inspiration, er umgibt dich – unsere Saatreihen tun sich damit doch etwas schwer.

Einzelkritik

Salat

Viele denken bei Gemüse im Garten als Erstes an den Salat. Uns ist er eher zum Schluss eingefallen, nicht weil wir Salat nicht mögen, sondern weil wir gegenüber einen Gemüsestand haben, an dem wir immer wunderschöne Kopfsalatköpfe für 99 Cent das Stück kaufen können. Aber schließlich lagen eben doch die Salatsamen da, und wir haben es probiert – mühsames Geschäft.

Salat ist das einzige Ackergut, das wir in der nächsten Saison als Pflänzchen aus der Gärtnerei kaufen werden. Sicher, wenn man ein Gewächshaus, viel Platz und eine ruhige Hand beim Pikieren hat, kann man sich die Pflänzchen auch selber ziehen, aber von unseren selbstgezogenen sind mehr als siebzig Prozent unterwegs eingegangen. Die ersten schon am Balkon, andere haben den Umzug und das neue Einpflanzen nicht vertragen, sie waren einfach sehr zart. Vielen war es am Anfang zu trocken, die gilbten dann so vor sich hin.

Da ist die 12er-Palette von der Gärtnerei für € 1,99 schon irgendwie effektiver. Die sind so groß, dass man eine ganz gute Chance hat, sie voll durchzubringen. Außerdem belebt dieses frische Grün in der kargen Anfangszeit die Motivation und gibt dem suchenden Auge Halt. Das Angebot an Salaten ist natürlich vielfältig, und jeder hat so seine Lieblingsblätter. Was Erntekomfort und drei Tage Aufbewahren angeht, so ist der alte Kopfsalat wirklich ganz gut. Durch die feste Kopfform kann man ihn ganz ordentlich transportieren und eben auch im Kühlschrank ein bisschen aufheben. Bei Blattsalaten tut man sich viel schwerer, wir haben ehrlich gesagt keine brauchbare Lösung gefunden, wie man sie auf dem Feld abschneidet, sammelt und dann nach zwei Stunden nicht nur noch ganz schlaffes, welkes Grün hat, sondern eben knackigen Blattsalat. Man bräuchte einen fahrenden Kühlraum inkl. Frischwassersprühregen. Natürlich sind Blattsalate verlockend, weil sie fleißig nachwachsen, aber wie gesagt, man sollte schon Essig und Öl dabei haben und direkt vor Ort einsetzen.

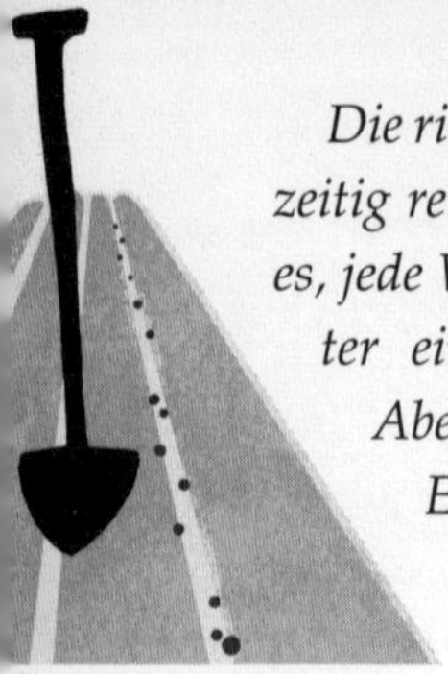

Die richtige Taktik ist beim Salat wichtig: Fünfzehn gleichzeitig reife Salatköpfe sind unpraktisch, am schlausten wäre es, jede Woche vier neue Pflänzchen einzusetzen und so später eine kontinuierliche Versorgung zu gewährleisten. Aber wer bekommt eine so penible Logistik schon hin? Einfacher ist es doch, die 12er-Palette einzusetzen und die überschüssigen Salate zu verschenken – nur bitte nicht an die Schnecken.

Juli

Trotz der steigenden Abgebrühtheit sieht man uns beim ersten Julibesuch in heller Aufregung. Wir haben ja mit üblen Auswirkungen der Trockenzeit gerechnet, die erst vor zwei Tagen durch einen wirklich traumhaften Dauerregen beendet wurde. Statt verbrannter Erde aber erblicken wir erst mal verzückt die Empfangsdahlie, die das Fräulein noch vor unser Namenschild vergraben hatte und die sich endlich die Ehre ihrer ersten Blüte gibt. Sie ist strahlend weiß und groß wie eine Leselampe. Es fühlt sich an, als wären die Ackerfestspiele damit offiziell eröffnet, dahinter rankt und wuchert es – grüne Hölle, endlich ist es nur noch ein Hilfsausdruck.

Die Sonnenblumen stehen uns schon bis zum Gürtel, vieles blüht, manches ist schon hinüber. Auch das Unkraut hat sich den Dauerregen zunutze gemacht und sprießt schon wieder überall, wir werden, das schwant uns, noch mal eine Generalüberholung machen müssen. Ich kämpfe mich durch bis zu den Kandidaten, die mich wirklich interessieren, die Paprika, Tomaten und Gurken. Ich möchte endlich mal in der Bundesliga der Gemüse mitspielen. Aber das sind eben auch die heikelsten Pflanzen; Karotten und Zucchini gehen auch bei den Nachbarfeldern überall gleich glatt, aber Tomaten zum Beispiel, das ist wirklich eine Wissenschaft für sich. Die vertragen kein Wasser von oben, das hört man von allen Seiten, sobald man sich mit Tomatenpflänzchen blicken lässt. Wir hatten für unsere Anzuchtschalen zwar schon die freilandtauglichsten Züchtungen ausgesucht, aber auch die eben: ungern Wasser von oben. Da frage ich mich schon, was das noch mit der Ursprungspflanze zu tun hat, wenn sie ein paar Regenschauer schon niedermachen können. Oder gab es in der pflanzlichen Urzeit auch schon Abdeckhüllen für Tomaten? Solche haben die Nachbarn drei Reihen weiter über ihre Stauden gespannt, egal ob die Plastikplane nun den optischen und ökologischen Auflagen des Felds entspricht. Unsere Tomaten haben kein Dach, und ihr Zustand ist schwierig einzuschätzen, sie haben alle einen recht starken und hohen Haupttrieb und auch ein paar kräftige Äste mit vielen Blüten. Aber irgendwie wirken sie im Ganzen unglaublich instabil, wir haben sie an starke Äste gekettet und ihnen so gut Standhilfe gegeben wie möglich, aber es sind eben keine Büsche oder Stauden, sondern einfach nur ein paar große Tomatenäste und ein paar kleine. Man kann es nicht anders sagen: Die Blätter sind zu klein. Die Gerippe schwanken im Wind, und jedes Mal, wenn wir sie besuchen, ist ein Trieb abgebrochen.

Die Paprika waren von Anfang an ein Experiment, schon klar, niemand auf dem Acker hat welche, und nur weit drüben im Westen des Feldes gibt es noch eine Peperonipflanze vom Typ Balkonübrigbleibsel. Unsere fünf Paprikapflanzen wirken aber recht kompakt, kein Vergleich zu den Tomaten, die das Fräulein nur noch die »dürren Heiter« nennt. Nein, die Paprika sind schön dunkelgrün, haben Äste, Blätter, Blüten und stehen senkrecht aus der Erde, allerdings nur eben zwanzig Zentimeter hoch. Sie sehen aus wie Paprikapflanzen im Maßstab 1:5, undenkbar, dass daran je faustgroße Paprikafrüchten hängen sollen. Man muss keine Erfahrung in der Paprikazucht haben, um festzustellen, dass hier irgendwas nicht stimmt. Das Fräulein spendet noch mal Steinmehl, aber eher pro forma.

Die Dritte im Kummerbund ist die Gurke, die hat tatsächlich die Trockenperiode nicht überstanden. Ihre Blätter sind gelb, die Gurkenfrüchte, die bereits als Miniaturformat unter den Blüten angesetzt haben, biegen sich wie kleine grüne Finger mühsam über der Erde. Das ist ein massiver Rückschlag. Tomaten und Paprika gut, das ahnten wir früh, dass es damit leicht schiefgehen kann. Aber Gurken, diese praktischen, handlichen Dauerfrüchte, hätte ich wahnsinnig gerne ins Körbchen gestapelt. Es hilft nichts. Der einzige Trost ist, dass alle drei Malaisen unseren Eintopf nicht gefährden.

Dafür bauen wir auf Kartoffeln und Karotten, die beide ganz ordentlich aussehen. Allerdings sind Käfer auf den Kartoffelpflanzen. Wenn du drei Monate einen Acker besitzt, und dann finden sich eines Tages im Juli Käfer auf den Kartoffeln, dann klingeln nicht nur die

Alarmglocken, dann trifft dich fast der Schlag. Kartoffelkäfer, so schlägt es. Diese Schädlinge haben eine derartige Prominenz, dass sogar Städter schon von ihnen gehört haben, ähnlich wie vom Borkenkäfer.

»Nicht gut«, sagt das Fräulein düster und sieht mich aufmunternd an. Irgendwann in den letzten Wochen hatten wir darüber gesprochen, was zu tun wäre, wenn uns Kartoffelkäfer passieren. Die gute Gartenfee Haindl hatte sich in dieser Hinsicht eigentlich ziemlich deutlich ausgedrückt. »Die musst fei glei zerbatzn!«

Das Fräulein hatte mir diese Aufgabe zugesprochen, dafür hatte sie über meine Nachlässigkeit in Sachen Unkrautentsorgung hinweggesehen. Jetzt also geht es ans Zerbatzn, dabei fühle ich mich gerade gar nicht besonders aufgelegt zur Massentötung. Ich sehe mir die Käfer genau an. Es sind keine Schönheiten, was schon mal gut ist. Tatsächlich sehen sie passend zu ihrer Aufgabe ziemlich fies aus, gelblich, gestreift, großmäulig. Sie knabbern ziemlich emsig an unseren wunderbaren Kartoffelblättern, sitzen auf Stängeln und unter den Zweigen, herrje, es gibt große und kleine, sie sind also mit der ganzen Familie angereist, was bedeutet, dass sie länger bleiben wollen. Zum Glück sind es nicht viele, nur vier Pflanzen sind betroffen. Ich sammle sie ab, so gründlich wie es mir möglich ist und tue dann en gros und en detail was ein Kartoffelpflanzer mit Kartoffelkäfern tun muss. Keine reine Freude.

Ohne dass ich es bemerkt habe, schaut mir der unheimliche Alte zu, der mit der Harke statt Armen. Bisher hatte sich unsere Konversation auf ein erfrischend gebrülltes »Grüß Gott!« beschränkt, aber die zerquetschten Käfer scheinen ein probater Gesprächseinstieg zu sein, jedenfalls tippt er mit der Harke auf den Kätermatsch und sagt nachdenklich: »Als Kind wurden wir zum Abklauben in die Felder geschickt, für hundert Stück n' Groschen!«

Einträchtig nicken wir angesichts dieser generationenübergreifenen Kartoffelkäferepisode. Später finde ich es aber ganz nett, was er gesagt hat. Weil es ja irgendwie auch bedeutet, dass wir uns da eine Aufgabe gesucht haben, die schon eine lange Tradition hat, dass schon seit hundert Jahren die Käfer abgeklaubt und zerbatzt wurden, ja, da spüren wir den Hauch der Geschichte um uns wehen. Nur heute dürften Kinder eher schwer zu überreden sein, für einen Groschen hundert Käfer einzusammeln. Die denken doch gleich an Feinkost Käfer, so wie ich.

Das geschichtliche Schaudern kriegen wir auch, wenn wir im Feld wieder alte Tonscherben ausgraben, rostige Nägel mit ganz ungewöhnlichen Köpfen oder auch mal einen sehr alten Knopf. Dieses Stück Land ernährt seit Jahrhunderten seine Menschen, denke ich angesichts dieser Überbleibsel und bin fast in der Stimmung, andächtig den Ahnenjodler zu jodeln, wenn mir nicht auch gleich wieder einfallen würde: Warum lässt mich dieses Stück Land dann mit meinen Frühlingszwiebeln so hängen? Die sehen nämlich immer noch wie ein mickriges Reisegrüppchen Schnittlauch aus, keine Haltung, keine Kontur, kein Zwiebelfuß und noch weit davon entfernt, von mir im Triumphmarsch durch die Küche getragen zu werden.

Unser Ackerabenteuer hat sich langsam herumgesprochen. Jedenfalls erreichen uns jetzt gelegentlich Depeschen, in denen sich Bekannte und nahezu Fremde unter anderem nach Art und Qualität unserer Schnecken erkundigen. Es bedarf nur eines Teebeutels an Menschenwärme, um dann die Katastrophe herauszukitzeln, die hinter solchen Fragen in aller Regel steht. Von Geschwadern aus Nacktschnecken erfährt man, die sich seitlich am Kleingärtner vorbeischneckten, um ansatzlos durch die Salate zu fräsen, Tagetes und Sonnenblumen auszulöschen und nach einer feuchten Woche nichts zu hinterlassen als Brachland, auf dem ihre Schleimspuren glitzerten.

Überlebende solcher Schlachten können sich meines Mitgefühls gewiss sein, denn sie erinnern mich an den kleinen Garten meiner Eltern. Dort gingen die Schnecken alljährlich mit einer solchen Präzision ihrer Vernichtungsarbeit nach, dass ich bis zu meinem elften Lebensjahr unbeschädigte Blätter nur bei Verwandten und im Museum sah. Es war damals üblich, dass meine Mutter an ihrem Geburtstag nichts bekam als einen großen, irdenen Topf voll Schneckenkorn, den wir in einem feierlichen Akt verteilten – ohne nennenswerte Ergebnisse, versteht sich.

Kein Wunder jedenfalls, dass wir zu Beginn unseres Ackerabenteuers Inhaber einer stattlichen Schneckenfurcht waren. Sie währte bis zur Feldübergabe im April. Damals hielt Frau Haindl jene schon legendäre Rede über Feinde, Gegner und ungeliebte Bekannte der Ackerpächter. Sie zählte dabei Käfer, Flöhe und Fliegen auf, erwähnte Krähen, Senkfüße und Pilze, ließ Strauchdiebe und Kohlfäule nicht aus, aber: kein Wort von Schnecken.

Darauf angesprochen musterte sie mich interessiert und sagte: »Schneck? Oane is ma mal untakema am Acka, i glaub', mei, des is achtaneinzge gwesen. Na hoid, da hat der Franzl no glebt, nacha muss späder gwen sein. Was wuisstn leicht von dera?«

Lange dachten das liebe Fräulein und ich über diese Antwort nach. Und acht Wochen später hatten wir sie kapiert. Es gibt keine Schnecken auf dem Acker. Unsere Salatpflänzchen, wehrlose Delikatessen, waren auch nach vierzehn Tagen unberührt. Kein Schleim, kein Fraß, keine Schnecke.

»So ein Acker ist einer Schnecke einfach zu groß«, sagte ich, ohne dass mich jemand gefragt hätte. Es erschien mir plausibel: Die Chance, dass beim Durchqueren des weiten Felds vor dem Salat die Sonne kommt und sie brät, ist der Schnecke einfach zu riskant – und nirgends ist ein Busch zum Unterstellen.

»Ich kann denken wie eine Schnecke!«, teilte ich dem

lieben Fräulein nach diesen erfreulichen Kombinationen mit. Das Fräulein sagte nichts, meine Schneckenpsychologie war aber trotzdem gut. Solange zumindest, bis wir heute ein bisschen im Salatabschnitt aufräumten. Ein Teil unseres kleinen Blattsalatsektors war nämlich von irgendeinem Chaoten viel zu dicht gesät worden und hatte sich wie bei Papierstau im Drucker übereinandergefaltet und verknotet. Wacker wühlte ich durch das Grün bis zur Wurzel und griff dabei mit viel Verve in etwas Weiches, das mich an den Garten meiner Eltern erinnerte.

Im Blattsalatsouterrain wohnten Schnecken.

Allerfeisteste, saftigste Nacktschnecken.

Nicht nur eine, sondern zehn.

Die Schnecken sind sichtlich enttäuscht, dass wir ihr Versteck vor der Zeit entdeckt haben. Das liebe Fräulein schiebt sie ohne ein Wort auf die kleine Schaufel, die ich auf die andere Seite des Baches trage. Dabei betrachtet man sich reserviert. Ich finde, so eine dicke Nacktschnecke auf einer kleinen Schaufel … das ist irgendwie gar nichts. Ein Eichhörnchen zum Beispiel ist ja ein Wesen mit Äuglein und Verstand, mit dem ließe sich zur Not auch ein Abend in Mainz verbringen oder über das Spätwerk von Ernst Petzold reden. Aber dieses wabernde, rotbraune Monoblocktier, ohne jeden göttlichen Akzent, nicht mal Wimpern! Wie soll man, Humanismus hin, Dingsbums her, damit warm werden? Ich weiß noch, dass es in jenem Schneckenparadies, das meine Mutter betreute, eine Zeitlang für modern galt, die Schnecken mit einer Heckenschere zu zerteilen und zwar an Ort und Stelle. Führende Gartenhygieniker hatten das empfohlen, alles andere als das sofortige Splitting wäre wirkungslos. Es war eine fürchterliche Zeit, keiner von uns wollte abends zum Schneckenschneiden gehen, nicht mal Papa, nicht mal fürn Groschen. Der Anblick des stolzen Gartengeräts nach einem Dutzend Schnecken war grausig. Schließlich warfen wir Kinder die verhasste Heckenschere eines Abends den Nachbarn aufs Garagendach und behaupteten, uns wäre ein Federball dort hinaufgeflogen, aber egal, wir hätten ja noch mehr, man müsste ihn nicht extra holen. Ein guter Trick, das finde ich bis heute, etwas kompliziert, aber gerade deswegen so genial.

Zum Glück wurde auch eine andere Schneckenabwehrmethode Dernier Cri, nämlich das Bestreuen mit Speisesalz. Das zeitigt eine beeindruckende Reaktion, nicht weniger grausam als das Zerteilen, aber unnennbarer, und deswegen vermutlich von breiteren Gesellschaftsteilen goutiert. Denn das, was ein paar Salzkörner mit einer Nacktschnecke machen, dafür gibt es keinen Namen.

Wer jetzt Mitleid mit dem geschändeten Volk der Nacktschnecken hat, der sei versichert, dass all diese brutalen Vernichtungsmethoden im Garten meiner Mutter keine Wirkung hatten. Die Schnecken gewannen immer, und jedes Jahr waren sie noch schneller. Für jeden Verlust, den wir in ihre Reihen rissen, rückten zehn von ihnen neu nach.

Man muss kein besonders talentierter Misanthrop sein, um mit so einer Kindheitserfahrung im mentalen Rücken nun auch für das Feld das Schlimmste zu fürchten. Akribisch suchen wir nach weiteren Schleimfamilien, finden aber keine. Die Blattsalatkolonie scheint die Einzige gewesen zu sein, und wir sind stark daran interessiert zu glauben, dass sie sich nur verirrt oder eben im Dickicht unseres erstklassigen Blattsalats so sehr willkommen gefühlt haben, dass sie ausnahmsweise die gefährliche Reise auf einen Acker unternahmen.

Einzelkritik

Tiere

Über diverse Schädlinge, die auf einem biologisch korrekt bewirtschafteten Feld anfallen, habe ich schon geschrieben. Die zählen aber nicht zu den Tieren, die ich jetzt meine. Es geht einfach um diejenigen Zeitgenossen, die uns beim Ackern zuschauen und die uns als Wochenendnachbarn akzeptiert haben. Je später das Jahr, je mehr es zu ernten gibt, desto häufiger sehen wir sie: Meisen, die in den Sonnenblumen hängen und sie bis zum letzten Korn fein säuberlich leerpicken. Krä-

hen und Amseln, die zwischen unseren frisch vom Unkraut befreiten Ackerstreifen spazieren wie die Grafen Bobby und Regenwürmer suchen, die von unseren Grabgeräuschen angelockt an die Oberfläche schießen. Denn wenn man auf die Erde klopft oder darin herumwerkt, dann denken Würmer: Menno, Erdbeben! Und jeder weiß, dass man bei Erdbeben lieber nicht in der Erde festhängen sollte, deswegen kriechen sie wirklich sehenswert schnell aus ihren Löchern – zur Freude der wartenden Vögel. Die Regenwürmer gefallen uns natürlich gut, weiß ja jeder, dass die die Erde lockermachen, auch wenn das bei so einem großen Stück Erde ein bisschen länger dauert.

Ebenfalls Kinderwissen: Marienkäfer fressen Blattläuse, achtzig Stück am Tag. Top Nützling, der Marienkäfer. Aber irgendwie sollten das amerikanische Forscher doch noch mal überprüfen. Wir hatten an ein paar Dahlien Blattläuse entdeckt, eine ganze Kohorte kleingrüner und sehr agiler Tierchen mit einem Saugrüssel, für uns furchteinflößend und für sich selber fruchteinflößend. Da wir aber gleichzeitig ein paar Marienkäfer gefunden hatten, die unmotiviert auf unseren Schalottenhalmen auf und ab flanierten, wollten wir ein bisschen biologische Schädlingsbekämpfung studieren und trugen die Marienkäfer vorsichtig zu den Dahlien mit ihrem Blattlausbüfett. Aber die Marienkäfer dachten nicht daran da aufzuräumen, wir hatten uns auf regelrechte Zirkusspiele gefreut. Stattdessen stiegen die Käfer von den Dahlien ab und machten sich wieder auf den Weg zu den Schalotten.

Tiere, die wir nicht mehr grüßen, sind die Mückenschwärme, die ab Juli abends über uns herfielen. Ich neige ja nicht sehr zum Choleriker, aber das ändert sich in Sekunden, wenn ich über eine aussichtslose Unkrautstrecke gebeugt sitze und merke, wie ich in Nacken, verlängerten Rücken und Knöchel gleichzeitig gestochen werde. Ich weiß, man darf es nicht, aber gestochen werden nehme ich persönlich. Das liebe Fräulein pflegt übrigens eine ähnlich Abneigung gegen Zecken, seit eine sie ein bisschen anknabbern wollte.

Sehr gut konnten wir uns mit den unsichtbaren Nagezähnen arrangieren, die ab Mitte September anfingen, unsere restlichen Karottenbestände von unten her zu dezimieren. Lustige Tierchen – an der Oberfläche sah die Pflanze ganz unversehrt aus, aber es war nur eine Potemkin'sche Rübe, denn zwei Drittel fehlten ihr. Die Mäuse waren aber so nett, nur jede dritte Karotte zu annektieren, und diesen Zoll wollten wir ihnen gerne zahlen, dafür, dass wir das ganze Jahr auf ihren Köpfen herumspazierten.

Mitte Juli, wenn die Taschen der Schulkinder leichter und die Tage unmerklich schon wieder kürzer werden, ist man als Ackermensch gerade voll gefragt. Nach knapp drei Monaten im gemütlichen Ackerboden stehen die meisten unserer Pflanzen kurz vor dem Höhepunkt ihrer Karriere: dem Abernten durch uns.

Lange verschobene Probebohrungen zu unseren Karotten münden an diesem Samstag in jäher Freude. Als nämlich das liebe Fräulein unversehens ein Exemplar in der Hand hält, wie es kein tschechischer Märchenfilm farbenfroher und besser hingekriegt hätte. Und außerordentlich gut verarbeitet und genährt ist diese Karotte, beinahe fett. Sorgfältig befreien wir sie von der Erde und sagen »Vorsicht!«, wenn wir sie dem anderen zum Halten geben. So wie diesen Nachmittag auf dem Acker stelle ich mir auch die Stunden nach einem Oscargewinn vor, nur insgesamt noch betrunkener.

Das ist schon seltsam. Da kauft man jahrein, jahraus die Karotten dutzendweise, verpackt in Plastiksäcken oder -schalen, die zu Leichentüchern oder Särgen werden, weil die Hälfte der Speisemöhren vom Niederrhein doch wieder darin liegen bleibt und verschrumpelt. (Von dem Verschrumpelkreislauf der Karotten sind wohl nur Kindergärten und Herr Hipp ausgenommen.) »Oi weh«, heißt es also alle zwei Wochen, »die Karotten sind uns wieder unter dem Hintern wegverschrumpelt!« Man kauft neue, mit einer emotionalen Beteiligung, als gehe es um Klopapier, das übrigens so ähnlich verpackt ist.

Und es würde immer so weitergehen: kaufen, verschrumpeln, neue kaufen, wenn man nicht eines Tages mit der eigenen Hand eine dicke Karotte nach der anderen aus dem eigenen Boden ziehen und dabei ein Bauchgefühl kriegen würde, als stünde der Erzengel Michael daneben. Nur wer sein Klopapier selber zurechtgeschnitten und dann unter Biogesichtspunkten aufgewickelt hat, kann das vielleicht nachvollziehen. Jedenfalls ist es ein so elementarer Unterschied zum PVC-Beutel, dass selbst ein Protestant aus Schwabing auf die Knie fällt und wild anfängt zu danken: Danke, Samen Schmitz, für deine teuren Samenpäckchen, danke, Vorfahren, für euren Mut, irgendwann in eine orangefarbene Wurzel zu beißen und sie »Speisemöhre vom Niederrhein« zu nennen, danke Wachswetter und Kohlweißling.

Während ich danke, scherzt das liebe Fräulein noch ein bisschen mit den Schalotten, dann geht's mit dem Bund Karotten und Karacho nach Hause. Ab Neuaubing werden wir synchron unruhig.

»Was«, sage ich zögernd, und das Fräulein vollendet, »wenn unsere herrlichen Gelbe Rübn auch verschrumpeln?«

Kleinmütig sehen wir uns an. (Das ist kein Problem, ich kann sehr intuitiv fahren.) Wir befinden uns nicht mehr im Auto, sondern in einer fahrenden Zwickmühle. Um Karotten, die uns nahestehen wie Töchter, vor dem – unerträglich 1 – Verschrumpeln zu bewahren, sollten wir sie – unerträglich 2 – möglichst bald essen. Das kommt überhaupt nicht in Frage. Wir haben sie doch erst so kurz! Es wäre unzivilisiert, nur aus Verschrumpelangst unser eigen Fleisch und Carotin zu morden.

Am Autobahnende schlägt das Fräulein vor, wenigstens diesen prächtigen ersten Bund Gelbe Rübn in Spiritus einzulegen. Ich halte Ausstopfen und Aufhängen für netter, das hätte dann so was von einer Jagdtrophäe. »Eine davon könnte Mang auch aufschneiden, damit man das makellose Innere sieht …« Wir einigen uns darauf, beide Methoden auszuprobieren und absolvieren hochzufrieden die einstündige Parkplatzsuche. »Und wenn du heute Nacht Heißhunger auf Karotten kriegst«, sage ich zum Fräulein beim Aufsperren der Haustür, »wir haben da noch einen Beutel vom Niederrhein ...«

Wir sind so euphorisiert, dass wir am nächsten Tag gleich wieder zum Feld fahren, und dabei fällt mir etwas auf, dass überhaupt nichts mit Karotten und Erntefreuden zu tun hat, jedenfalls nicht direkt. Seit wir dieses absurde Stückchen Land für vierzig Euro im Jahr gepachtet haben, ist mir wochenends irgendwie leichter. Um das zu verstehen, muss man wissen, was München für eine wunderbare Stadt ist. Sie ist so wunderbar, dass man es kaum aushält. So wunderbar, dass es unmöglich ist, samstags erst um zehn aufzustehen, auch wenn einem danach ist. Denn ab halb neun brummt an den schönen Samstagen der ganze Mittlere Ring rund um die Stadt und jeder, der nicht mitbrummt, weiß, dass er zu spät ist, dass er es dieses Wochenende wieder nicht schaffen wird. Nicht an die herrlichen Seen, nicht an die wunderbaren Wanderparkplätze, die von allen Münchnern an jedem schönen Samstag und Sonntag angesteuert werden. Freizeitstress, das ist das Wort.

Natürlich kann man ein Jahr lang oder zwei diesen Wettlauf ignorieren, der ja im Winter mit den Skibergen genau so fortgeführt wird, aber dann ist man mürbe und fängt doch an, den Irrsinn mitzumachen: früh aufstehen, geheime Badestellen am Wörthsee herausfinden, Schleichwege und Bestechungsversuche, schnellere Autos, bessere Staumelder, noch früher aufstehen, noch weiter in die Berge, noch mehr Fahrradträger als alle anderen. Und immer dieses grauenvolle Entscheiden am Frühstückstisch, wenn man längst ahnt, dass es für alles zu spät ist. Fährt man Ammersee-Westufer oder Starnberger Ost, soll man es noch versuchen, am Tutzinger Nordbad zu parken oder lieber gleich wild an der Uferstraße? Das macht mich fertig, weil es sich ähnlich verhält wie mit den Schnecken im Garten meiner Mutter: Die anderen gewinnen immer.

Jetzt mit dem Acker ist es ein bisschen so, als hätten wir unseren eigenen kleinen Wanderparkplatz. Das Ausflugsziel steht fest, wir müssen uns nicht entscheiden und keine superkreativen Wander-Biergarten-Badesteg-Kombinationen ausdenken. Stattdessen tuckern wir viel später als alle anderen aus der Stadt, sitzen dann aber schon bald in unserem kleinen Grünen. Das hat natürlich weder Gipfelkreuz noch Dampfersteg, aber auf dem Land sind wir trotzdem. Sonne, Luft, Wiese, das gibt es da und eben ein Plätzchen, das nur auf uns wartet. Und weil wir dort eine Aufgabe haben, nicht nur zum Vergnügen hinausgondeln, sind wir damit auch zufrieden. Einfach so würde man sich ja nicht in die erstbeste freie Löwenzahnwiese hocken und glücklich sein, das wäre irgendwie zu wenig Programm. Das Feld aber beschäftigt uns, ja, wir haben oft nicht mal besonders Lust auf die Bückarbeit, aber wir müssen halt und machen es auch dann, wenn uns die gleiche Unlust auf Wandern oder Baden Ausrede genug wäre, um zu Hause zu bleiben. Wir müssen hin, weil sonst Unkrautwildnis und Fruchtfrevel. Der Acker ist wie ein Hund, der Gassi gehen muss, nur dass wir uns selber ausführen und er immer an seinem Platz liegen bleibt. Abends kehren wir mit allen anderen in die Stadt zurück, genauso übersonnt, genauso durchatmet und erfrischt. Der Acker als Freizeitplacebo mit dem angenehmen Nebeneffekt, dass er uns ein bisschen ernährt.

Denn da ist noch etwas anderes, das uns in den letzten Tagen unabhängig voneinander aufgefallen ist: Wir waren schon lange nicht mehr in der Gemüseecke vom Tengelmann. Eigentlich wissen wir gar nicht mehr, wie es dort aussieht, stattdessen schleppen wir seit vier Wochen zunehmend größere Mengen an zunehmend mehr eigenem Grünzeug in die Stadt. Unser letzter Korb sah so aus: die ersten fünf gelbroten Tomaten, Petersilie, Thymian, Schnittlauch, Bohnenkraut, ein paar halbstarke Zucchini, ein heikler Haufen Blattsalat, Karotten, Kohlrabi und eine kleine Rote Beete. Das ist eine schöne bunte Mischung, und weil wir so stolz darauf sind, bemühen wir uns auch wirklich, alles aufzuessen.

Es geschehen also unerhörte Dinge, zu denen der Acker uns mit sanfter Gewalt zwingt: Wir bereiten Salat aus der Roten Beete und machen Dips für den rohen Kohlrabi, beides Dinge, die sonst nie auf unserem Speiseplan zu finden waren wegen Abwegigkeit. Wir wollen unseren Gewächsen nun mal ein stilvolles und angemessenes Ende bereiten und sind deswegen wirklich eifrig in der Postproduction, wir interessieren uns fürs Einmachen und Konservieren, studieren alte Kochbücher und befragen sämtliche verbliebenen Großeltern. Denn das ist auch so eine Sache, die unsere Generation der verhinderten Selbstversorger und Manufactum-Romantiker erlebt: Die Eltern können über die neue Lust an Vorratshaltung und Sirupgewinnung oft nur lächeln, denn die Generation unserer Eltern, also jene vielzitierten 68er, hatten sich ja mit den bekannten Bandagen auch von der Hamster- & Heimchenhaltung ihrer Eltern losgekämpft, hatten keine Hungersnot im Hinterkopf und keinen Russen, der irgendwann wieder vor der Tür stehen konnte, stattdessen umgaben sie bald Tiefkühlprodukte und Mikrowellen und Supermärkte bis Samstag um vierzehn Uhr. Für sie muss es komisch wirken, wenn ihre Kinder dieser fortschrittlichen Vollversorgung wieder entsagen, mit den eigenen Händen das Feld bestellen und nach Kartoffeln graben und sich so ernsthaft über einen gutgefüllten eigenen Gemüsekorb freuen, als hätten sie zwei Jahre auf einem Piratenschiff an Skorbut gelitten. Manche der Alt-68er klopfen uns natürlich auch verständnisvoll auf die Schulter, weil sie irgendwie Wackersdorf und Anti aus der Ackeraktion heraushören. Das finde ich nicht unangenehm, und es stimmt, ein bisschen lässt sich das Selberpflanzen auch als Reaktion auf die Ausbeutung der fossilen Brennstoffe hinbiegen, in deren Peak wir nun mal hineingewachsen sind. Ich lese irgendwo: Wenn das Öl ausgeht und die LKW keinen Diesel mehr haben, würde Deutschland nach vier Tagen Hunger leiden, weil die Supermärkte nicht mehr aufgefüllt werden können. Klar, in dieser Utopie wären wir jetzt gerade fein raus, allein unser obiger Erntekorb würde uns drei Tage lang ernähren. Aber was, wenn das Öl im Winter ausgeht? Oder noch nichts reif ist, außer Spinat? Und wie viel wäre auf unserem Feld noch übrig, wenn tatsächlich hungrige Menschen unterwegs wären? Und wie zur Hölle kommen wir auf unseren Acker ohne Auto und Benzin?

Autark und abgesichert sind wir mit so ein bisschen fruchtbarer Erde also noch lange nicht. Der einzige gesellschaftliche Vorteil, den man gerechterweise darin erkennen kann, ist zum einen die multiplizierende Wirkung, dass also jeder, der an unseren bunten Feldreihen vorbeifährt, zumindest eine Sekunde lang kapiert, dass man durchaus auch selber sein Essen anbauen kann. Zum anderen eignen wir uns natürlich wieder Wissen an, nicht nur auf dem Feld, sondern auch in der Lagerung oder Aufbewahrung, das nicht zwingend an uns weitergegeben, sondern irgendwann vergessen worden wäre. Zum Beispiel, wie man mit Roter Beete problemlos ein graues T-Shirt in ein rotes T-Shirt verwandeln kann – man trägt die Beete einfach ein bisschen zu lang mit sich herum.

August

In den ersten Wochen des August fahren wir so oft zum Acker wie nie zuvor, um zu ernten und die grundsätzliche Pracht auszukosten. Der Acker gehört jetzt mitsamt allen Begleiterscheinungen längst fest zu unserem Alltag und zu diesem Jahr, und die Ausflüge sind nicht mehr, wie zu Beginn, aufregende Touren ins Ungewisse, sondern ziemliche Routine. Wir absolvieren die Ackerbesuche inzwischen fast so souverän, wie Schauspieler die 72. Aufführung ihres aktuellen Stückes. Unseres beginnt meistens damit, dass ich das liebe Fräulein aus der Redaktion anrufe.

1. Prolog

Telefon Tuut, tuut.
Fräulein Ja?
Ich Heute Nachmittag? Ich hab alles schon fertig geschrieben.
Fräulein Okay!

2. Vorbereitung

Hausklingel Klingel!

Eine Schwabinger Wohnungstür mittlerer Güteklasse öffnet sich, ein junger Redakteur in Männerklamotten hetzt hindurch.

Ich *(gehetzt, überschlagend)* Haben wir die zweite Transportkiste, oder liegen da noch die Kohlrabi vom letzten Mal drin? Ist mein Messer wieder aufgetaucht? Bohnenkraut, Bohnenkraut! Nehmen wir heute den letzten Borretsch mit? Dann bräuchten wir das Kinderplanschbecken zum Transportieren. Was für ein Wetter ist am Acker? Wie steht der Dahlien-DAX?

Fräulein *(ruhig)* Ja, ja. Meine Mutter hat angerufen und gesagt, die Tomaten wären alle hin.

Ich *(entsetzt + gehetzt)* Hin? Wie hin?

Fräulein *(ruhig)* Verpilzt.

Ich Glaub' ich nicht! Kenne ich nicht! Abmarsch!

Der junge Redakteur und das liebe Fräulein verlassen die Wohnung. Sie tragen allerlei Gerätschaften mit sich: Kisten, Botanisiertrommeln, Gefrierbeutel, Fotoapparate, Rucksäcke, Schreibtischstühle, Sonnenhüte …

Ich *(auf dem Weg zum Auto)* Warum tragen wir Schreibtischstühle mit uns?

Fräulein *(bestimmt)* Bringen wir schnell bei meinen Eltern vorbei.

3. Im Auto

Hupe Hup!

Ich *(vorausschauend fahrend)* Liebes Fräulein, kannst du vielleicht die Spitzhacke in meinem Schulterblatt irgendwo anders hinlegen?

Fräulein *(kriecht nach hinten, keuchend)* Ach, hier wächst der Feldsalat, den wir so lange gesucht haben, warte, so, jetzt, ächz, uno momento …

Man hört ein Geräusch, das wie Spitzhacke auf Autofenster klingt.

Fräulein *(stumm)* …

Ich: Fräulein?

Fräulein *(bestimmt)* Ich kann die Spitzhacke nicht woanders hinlegen.

4. Ankunft am Acker

Bremse Quietsch!

Fräulein *(noch angeschnallt)* Wow, die Malven! Schau, die neuen Dahlien! Guck, die Levkojen! Ja spinn' ich, die Herbstastern sind ja fast jetzt schon fertig!

Ich *(strategisch)* Nimmst du die Hacke, die kleine Tonne, den Fotoapparat, die Astschere, die Gefrierbeutel und den Flaschenkürbisflaschenzug? Dann nehme ich den Korb, das Messerset, Gummibänder, den Brotzeitrucksack und den Minibagger …

Das Fräulein steht längst im Malvenbusch.

Fräulein Waaaah! Die Malven sind größer als ich! Ich mache heute mindestens 27 Blumensträuße.

5. Bei der Arbeit

Amsel Zwitsch!

Ich Du, kannst du mir mal einen von diesen Zucchini abnehmen, dann könnte ich versuchen, meinen Fuß unter dem Kürbis vorzuziehen.

Fräulein *(geht darüber hinweg)* Ach, Kürbis-Schnürbis! Ist der Strauß so schön? Ich habe die Zinnien heute mal im Trompe-l'œil-Stil angeordnet, siehst du?

Ich Hihi, Trompe, da muss ich an Elefanten denken.

Fräulein Du findest ihn nicht schön?

Ich Doch, doch.

Fräulein Nie findest du meine Blumensträuße schön!

Ich *(erschrocken)* Du-hu, was ist das da für ein Berg vor unserem Kofferraum?

Fräulein Für zu Hause, nur tagesaktuelle Ringelblumen und Kosmeen.

Ich Das sind zweihundert Blumen, wie sollen wir die transportieren? Ich hab noch vom letzten Mal Kosmeen unterm Sitz.

Fräulein Och, die nehme ich einfach auf den Schoß!

6. Aufbruch

Es ist schon sehr dämmrig.

Nachtkuh Muh!

Fräulein *(quengelnd)* Noch nicht gehen!

Ich Aber wir sehen doch gar nichts mehr, ist das hier Petersilie? *Zupft und kostet.* Nein, das ist Baumrinde.

Fräulein Dill! Wir haben den Dill vergessen! Ich hol' ihn!

Sie verschwindet im Dunkel.

7. Aufbereitung

Wieder zu Hause, draußen ist es dunkel, in der Schwabinger Küche, die aussieht wie ein Kühllager, eilen zwei Menschen hin und her. Sie tragen Schlafkleidung.

Küche Stöhn!

Ich Also, die Petersilie mit feuchtem Tuch ins unterste Fach, die Gurken vertragen auch das Eierfach, einen Kohlrabi essen wir jetzt gleich, der Salat kommt gewaschen in eine feuchte Zeitung, die kleinen Zwiebeln können wir auf dem Balkon trocknen lassen, die Gummibänder bloß nicht wegwerfen, die brauchen wir noch, da ist eine Erdpfütze, Vorsicht!

Fräulein Ich mag jetzt keinen Kohlrabi.

Ich *(panisch)* Wenn wir jetzt nicht Kohlrabi essen, kommt mein ganzes System durcheinander!

Fräulein Ich mag keinen Kohlrabi, ich mag küssen!

Ich *(in Gedanken)* Die Küssen habe ich jetzt schon kleingeschnippelt und eingefroren.

Fräulein beleidigt ab.

Finis

Dieses kleine, sehr realitätsnahe Theaterstück spielen wir unseren Stadtfreunden jedes Mal vor, wenn derzeit die Frage nach unseren Fortschritten in Sachen Landleben aufkommt. Insgeheim, kommt mir vor, hoffen viele, dass wir als Antwort stöhnend unter den Tisch rutschen und zugeben, dass wir nach hoffnungsvollem Beginn mit dem Acker genauso verfahren wie mit der Steuererklärung: ganze Katastrophe in eine Kiste und jemandem überlassen, der sich damit auskennt. Aber so ist es ja gar nicht, wir haben immer noch das Gefühl, die Sache einigermaßen in Griff zu haben, und um das zu beweisen, laden wir in diesen Wochen viele Freunde ein, einen Kontrollbesuch zu machen. Natürlich auch nur, weil das Feld niemals besser aussah als jetzt gerade, Fräuleins Blumenrabatten sind geradezu explodiert, bis zur letzten Sonnenblume reckt sich alles mit Zierkrägen, Farbenspiel und summenden Pollenbienen in Richtung des staunenden Betrachters. Deswegen setzt es von den Freunden meist eine Tracht Lob und Anerkennung. Beeindruckt sehen sie dann zu, wie das Fräulein und ich durch die Furchen tänzeln und mit geschmeidigen Bewegungen die Arbeit des Landvolks verrichten. Wenn wir ihnen geerntete Zucchini und Rote Beete zum Halten geben, stellen sie sich so täppisch an wie Teenager, die ein Neugeborenes halten sollen. Auf der Rückfahrt preist der Besuchermund dann für gewöhnlich die just festgestellten Freuden des einfachen Lebens, erzählt Kindheitserinnerungen an Stampfkartoffeln mit Oma und beschließt das Ganze mit dem Bedauern darüber, sich selber von diesen Sachen doch entfernt und nur noch von Dingen mit Bildschirmen Ahnung zu haben. Der beherzte Einsatz von Spaten und Schmutzschuh wird in diesen Momenten zur Wissenschaft erhoben und das Fräulein und ich in die Nähe von studierten Agrarökonomen und Wunderwerkern gerückt – was uns stets so schmeichelt, dass wir verlegen die Fenster runter- und rauffahren lassen.

Eine andere Fraktion nimmt die Landpartie oder unsere Karottenfotos auf dem Kamin zum Anlass, endlich mal wieder die Phrase »Ich habe halt leider keinen grünen Daumen!« loszuwerden und sich somit aller Nachfragen zu entziehen, ob sie denn nicht auch mal ein bisschen Unkraut zupfen möchten. Dieser Satz mit dem leider, leider abgängigen grünen Daumen gehört mit zum Häufigsten, was ich in diesem Jahr gehört habe (etwa genauso oft wie: »Stau zwischen Würzburg-Randersacker und Würzburg-Kist«). Zusätzlich zu dieser Platitude gibt es gratis immer mindestens eine Schilderung von eingegangenen Gummibäumen, die dereinst in der Wohnung des Phrasendreschers standen, aber schon nach wenigen Tagen das Vertrocknen einem Leben mit Dünger, Ziergießkanne und Bachkantaten vorgezogen hatten.

Wir hatten noch nie einen Gummibaum, ja eigentlich sind in unserer Wohnung überhaupt keine Topfpflanzen heimisch. Es gibt nur zwei ewige Orchideengerippe, die vom Fräulein je nach Bauchgefühl in das Badezimmer, den Backofen, zwischen meine Platten oder unters Bett gestellt werden, damit sie doch bitte mal wieder nach Orchideenart herumblühen. Orchideen halte ich wirklich für eine Wissenschaft, sie sind anspruchsvoll und wankelmütig wie ein Sack voll Operndiven, entblättern sich ebenso schnell, und jeder erzählt einem dazu andere Tricks. Unser Nachbar etwa schwört für den Erhalt seiner Orchideen auf die Kombination aus südamerikanischem Kieselsand und vierteljährlichen Rundflügen mit einer historischen Propellermaschine.

Was ich sagen will: Das ist wirklich kompliziert. Ackerkartoffeln und ein bisschen Suppengrün hingegen kann jeder. Wir haben in den vergangenen drei Monaten nicht gedüngt und nicht gegossen. Wir haben in Marie-Luise Kreuters »Bio-Garten«-Buch Bebauungspläne abgelesen und diese wieder verworfen. Wir haben eingesät, worauf wir Lust hatten und was schöne Bilder auf dem Samentütchen hatte – und fast alles ist aufgegangen, und das meiste ist gereift und wurde noch toller als auf den Bildern. Bis auf den original italienischen Basilikum, den uns ein Eisenwarenhändler in Lucca für vier Euro angedreht hatte. Wir hatten ihn großzügig auf eineinhalb Metern verteilt, weil wir gar zu gern mit eigenem Basilikumbouqet in unser italophiles Städtchen eingezogen wären. Gewachsen ist genau ein Stängel Basilikum, aber das erzählen wir niemandem.

Es war jedenfalls bis jetzt viel weniger Arbeit als angenommen und als von verschiedenen Kassandras prophezeit. Nur einmal haben wir in sengender Hitze Unkraut gejätet und einmal bei strömenden Regen und dabei ein wenig die Contenance verloren. Viel öfter sitzen wir in der Sonne am Feldrand, im Schatten unserer Kolossdahlien und gucken zu, wie wir keinen Sonnenbrand bekommen, weil wir uns tiptop eingecremt haben. Vor uns wogt dann hundert Meter Pracht aus ganz kleinen Samen.

Man weiß nicht genau, wie, aber die Natur hat das alles selber gemacht, trotz Klimawandel und grober Klumperde. Diese alte Kuh hat wirklich einen grünen Daumen.

Einzelkritik

Dill

Der Dill war bei uns ein Überraschungserfolg, oder sagen wir: bei mir. Ich hätte ihn vor unserem Anbau nicht mal in die Top-30-Charts der interessantesten Küchengewächse aufgenommen. Am Ende der Saison war ich aber kurz davor, unseren zweiten Sohn Dill zu nennen, Dill Scharnigg klingt doch auch viel besser als zum Beispiel Til Schweiger. Grund für meine nagelneue Zuneigung ist der einzigartige Duft und Geschmack, der den frischen Dillbüscheln entfleucht. Jedes Fischgericht, jeder Salat und viele Soßen sind mit ein bisschen Dill viel aromatischer und irgendwie ausgefeilter, so ein seltsamer und eigener Geschmack ist das. Das liebe Fräulein wusste das natürlich schon wieder, weil sie mal ein Jahr in Schweden gelebt hat. Dort wird zwar über weite Strecken nicht allzu überragend gekocht, aber in der Fischzubereitung kennt man sich aus – und frischen Dill gibt es folglich dort in jedem ICA-*Supermarkt, sogar beim Aquavit haben sich die Schweden eine Sorte mit Dillgeschmack ausgedacht. Auch in Gegenden, in denen kleine Gurken eingemacht werden, wird der Dill in Ehren gehalten – schließlich sorgt er auch in den Konserven für den typischen Geschmack. Lustig, dass sich Dill und Gurken auch als Beetnachbarn optimal ergänzen, allerdings war bei uns der Dill viel früher reif als die wankelmütigen Gurken.*

Was das Wachstum angeht, erschien uns der Dill recht gutmütig, das Gefutzel, das aus den Samen keimt, ist vom ersten Tag über der Erde klar als Dillnadeln zu erkennen – oder zumindest zu erriechen. Sie haben sich auch wacker durch die diversen Problemwetterzonen gewachsen. Ein Fehler war es allerdings, den Dill zu spät zu ernten. Wir dachten: Prima, wir nehmen immer ein paar Zweiglein von der Pflanze mit, dann wird sie uns bis zum Nikolaustag mit Zweiglein versorgen. Klappt nicht ganz, Dill wächst dann doch recht bald aus, am besten ist er etwa sechs bis acht Wochen nach der Aussaat. Danach schießen die Stängel in die Höhe und werden richtig holzig, eine Gartenschönheit ist er ohnehin nicht, aber mit dem Alter zerzaust er, und was viel schlimmer ist: Die feinen, nadelförmigen Blättchen werden immer weniger.

Am Ende hatten wir zwar einen stattlichen Dillwald, an dem aber kaum mehr etwas abzustreifen oder zu ernten war. Es empfiehlt sich also, die Stängel zu ernten, wenn sie so hoch sind wie eine Flasche Mineralwasser und noch in vollem Saft stehen und toll dillig riechen. Man kann Dill ziemlich gut trocknen, einfach ein Büschel zusammenbinden und überkopf an eine Stelle hängen, an der man nicht dauernd durchmuss, Türrahmen ist also eher ungeeignet. Nach zwei Wochen lassen sich die kleinen Äste gut abrebeln, und man kann schnell eine Jahresration Dill in ein braunes Schraubglas oder ähnlich lichtgeschützte Behältnisse verschwinden lassen. Keine Sorge, dieser getrocknete Dill würzt auch noch sehr gut – es geht allerdings nichts über ein paar frische Wedel.

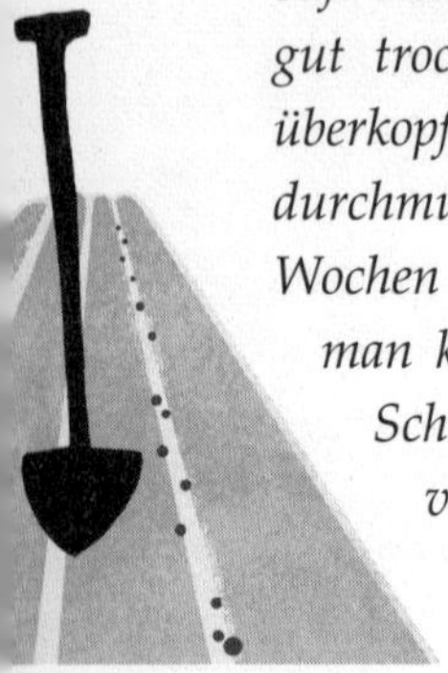

Der August ist auch der Monat der Wahrheiten. Was jetzt nicht annähernd fertig ist, wird es auch nicht mehr packen. Besonders gespannt sind wir seit Wochen, seit dem Kartoffelkäferintermezzo, auf den Endspurt unserer Kartoffeln. Sie sind für den großen Eintopf, der in einem Monat als Erntedankparty stattfinden soll, mindestens so wichtig wie Christine Neubauer für die Programmplaner der öffentlich-rechtlichen Filmschiene. Sie gehörten zu den ersten Dingen, die überhaupt in den Boden kamen, und wurden damals als stolzes, unsinkbares Flaggschiff unserer Feldflotte von den Massen bejubelt. Diese frühe Aussaat allerdings sollte dem lieben Fräulein acht Wochen später schlaflose Nächte bereiten, denn da waren unsere gefeierten Kartoffelpflanzen bereits etwas auf die schiefe Bahn geraten. Einzig aus Scham habe ich dieses Unglück hier nicht früher beschrieben. Ich traute mich nicht zuzugeben, dass eine Knolle, die auf jedem Komposthaufen wächst, ausgerechnet auf unserem Acker, dem sprichwörtlichen Kartoffelacker, versagte. Das Schlimmste: Sämtliche Feldnachbarn hatten dichte Kartoffelreihen, dort standen die tiefgrünen Stängel kniehoch und feste. Unsere zwölf Pflanzen wirkten aber schon früh gleichzeitig vertrocknet und überwässert und mühten sich fortan geknickt darum, uns im Weg und auf dem Magen zu liegen.

Bauernschlau, wie wir mittlerweile waren, schoben wir den Kartoffelkäfern die Schuld zu, die ich vor einigen Wochen in flagranti erwischt und füsiliert hatte – da es nicht gerade furchteinflößend viele waren, hofften wir aber, nach der Plage die Rekonvaleszenz der Kartoffeln innerhalb von vierzehn Tagen zu erleben. Aber Pflanzen sind keine Menschen, sie haben kein nennenswertes Immunsystem, und die Zeit lief uns davon, das Gilb der Blätter gilbte weiter, das Mickrige weitete sich aus, Mitte August konnte auch der größte Menschenfreund in unserer Kartoffelreihe nichts Bewahrenswertes mehr entdecken. Was würde sich unter dem ollen Laub in der Erde verstecken? In Abwandlung eines langweiligen Sprichworts: Ein Kartoffelacker ist wie eine

Schachtel Pralinen, man weiß nicht, was man kriegt. Voll falscher Hoffnung beantragen wir trotzdem für Ende August Kartoffelferien bei unseren Chefs (beziehungsweise das Fräulein in der Uni) und lesen uns am Abend vor unserer Ausfahrt die Stelle aus der »Blechtrommel« vor, in der die Großmutter mit ihren Röcken auf dem Kartoffelacker sitzt. Bei der Stelle mit den vielen Röcken macht das Fräulein, seit ich sie kenne, immer lustig »Buh-puh!«, und ich muss es dann noch einmal vorlesen, und dann macht sie es noch mal.

Natürlich waren die paar Käfer nicht die Ursache für unsere kränkelnden Kartoffeln. Wäre ja auch seltsam gewesen, wo doch die Nachbarkartoffeln brillierten. Aber was dann? Hatten wir sie zu früh in den Boden gegeben? Zu weit auseinandergesetzt? Schlechte Saatkartoffeln (immerhin waren die doch vom Viktualienmarkt) verwendet? War es am Ende mein Fehler, weil ich beim Pflanzen jede der großäugigen Kartoffeln noch mal geteilt hatte, um mehr Saatmaterial zu haben? Ein Rätselmond ging über unserer kleinen Küche auf und blieb lange oben. Das Ganze war dreifach ärgerlich. Zum einen wegen der grundsätzlichen Peinlichkeit, dann wegen des Umstands, dass ausgerechnet die »Sichtseite« unseres Ackers das gelbliche Kartoffeldesaster beherbergte – unsere Prachtmalven und die weitläufigen Dahlienalleen kamen erst danach. Und drittens hatte ich mich auf die Kartoffelernte gefreut, das ist so ein Kindheitsding: Ich mag buddeln und goldene Kartoffeln ausgraben wie kleine Schätze.

Es hilft nichts, je näher der Tag der Offenbarung rückt, desto verzagter werden wir.

»Du, kleiner Agrarwuschel«, sage ich besonders lieb zum Fräulein, »es ist ja egal, die Kartoffeln werden dieses Jahr vielleicht nichts, aber alles andere wird dafür was.«

Auf der Strecke vom Feld nach Hause gibt es bei einem Bauernhof immer ein Schild, auf dem »Kartoffeln und Eier« geschrieben steht, und jedes Mal deuten wir darauf und sagen: »Da holen wir uns welche, wenn wir für unseren Eintopf keine kriegen.« Ob die Kartoffeln fünfhundert Meter weiter aus der Erde kommen, das merkt von unseren Freunden bestimmt keiner. Ich nehme also Geld mit, als wir losfahren an diesem Sonntag, an dem schon ein ganz leichter, oberbayerischer Herbsthimmel über dem Acker spannt und wir sehr fein dort herumstehen. Die Kartoffelstängel waren inzwischen vertrocknet, und halb mit nachlässiger Ordnungsliebe, halb mit unbändiger Neugier fangen wir an, die Fläche von Süden her endlich umzuackern. Siehe da: Vier Zentimeter unter der Erde liegen gleich fünf goldige Kartoffeln, jede so groß wie ein iPhone. Wie geht das denn, ist das jetzt versteckte Kamera?

»Hol den Korb«, sagt das Fräulein leise und bewegt, und ich hole aus dem Auto den geflochtenen Kartoffelkorb, den wir immer mit uns führen.

Gemeinsam graben wir mit den Händen jede einzelne Pflanze aus, wühlen wie Antigone, nur viel glücklicher, in der Erde und haben in jeder Hand immer eine dicke Kartoffel. Eine sehr schöne Arbeit, zumindest wenn man nicht gerade frisch bei der Maniküre war. War ich aber ausnahmsweise nicht!

Nach einer Stunde hat unser Korb einen goldbraunen Buckel. Wir haben auch einen, er ist randvoll mit Zufriedenheit. Irgendwie hat das mit den Kartoffeln also doch geklappt, auch ohne schön aussehen, dafür aber in Rekordzeit; ich hätte nie erwartet, dass wir uns mit unserem Kartoffelkorb einen Weg durch Menschen mit Badehosen und Surfbrettern bahnen müssen. Ich denke bei Kartoffelernte immer an schwelende Glutnester auf abgeernteten Stoppelfelder und einen Himmel, der sagt: November, Baby. Jetzt aber schleppen wir Augustkartoffeln, das versteht man nicht, ist aber trotzdem super.

Es ist auch so ein denkwürdiger Tag, dieser wonnige Sonntag. Schon die letzten beiden Besuche haben wir immer einen Bund Karotten mitgenommen, jetzt sind die Gelbe Rübn ausgereift und rekordverdächtig groß, und wir haben sehr wohlwollend eingesät, meterlang stehen die Büschel dicht an dicht und sind, das muss man auch mal loben, immer noch saftig grün. Viele Kandidaten haben uns ja viel zu schnell in Richtung unansehnliches Laubwerk verlassen, sobald sie auch nur annähernd reif waren. Die Erntezeit reißt also optische

Lücken über das ganze Feld, und was vor einem Monat noch kraftstrotzend in den Himmel wuchs, hängt jetzt mehr oder weniger in den Seilen – die Karotten aber sind immer noch straff und grün, obenrum. Dabei zeigt sich auch der späte Segen der Saatbänder, denn auf diesen Abschnitten lassen sich die Karotten mit allergrößtem Vergnügen ernten: Am grünen Kragen beherzt packen, ein bisschen ächzen, ein bisschen rütteln, schließlich haben sich die Möhren in den letzten Monaten perfekt an ihr Erdbett angeschmiegt, hauteng stecken sie drin. Aber dann, ein guter Ruck und, hurra, eine Bilderbuchkarotte nach der anderen kommt ans Licht. Diese Ernte macht solchen Spaß, dass wir heute in wenigen Minuten vierzig kapitale Exemplare bergen.

Wo wir die Karottensamen per Hand verstreut hatten, sieht es gleich anders aus. Hier wachsen sie zum Teil so eng, dass sich die Rüben selber umeinandergeschlungen haben. Andere stehen so dicht wie die Menschen in der Tokioter U-Bahn, keine Chance, sie mit einem Ruck zu ernten, dabei brechen nur mit einem enttäuschenden Geräusch – prock! – die Stiele ab, und man kommt nur noch mit einem Spaten an den Rest.

Das Karottengrün lassen wir gleich auf dem Feld, das inzwischen am Fußende um einen veritablen Komposthaufen angewachsen ist, und zwar bei allen Ackerpächtern. Irgendwie haben alle gemerkt, dass Unkraut und überzählige Blätter besser hier entsorgt sind als daheim im Küchenmüll. Und mittlerweile wachsen aus diesen Haufen schon wieder die interessantesten Sachen, bei uns zum Beispiel ein paar mysteriöse, gefüllte Zwergsonnenblumen, die vom Fräulein mit Szenenapplaus entdeckt und in die Prachtbouqetplanung des Tages miteinbezogen werden. Sie schneidet übrigens für ihre Sträuße immer nur so viel ab, wie dem Gesamtbild unseres Feldstücks zuträglich ist. Wir wollen keinen Kahlschlag, sondern das bunte Durcheinander möglichst langfristig erhalten, wir wollen, dass die Passanten stehen bleiben und mit dem Finger zeigen, denn unserer Streifen ist mittlerweile schon ein bisschen anders als die anderen. Unser Blumen/Gemüse-Mischverhältnis ist etwa 40/60, wobei ja einiges vom Gemüse die Arbeit mittlerweile leider quittiert hat, man muss also schon ziemlich genau schauen, um zwischen Dahlien, Kosmeen und den voluminösen Kornblumenhecken noch den ursprünglichen Anlass des Feldes zu entdecken. Ein bisschen extravagant wirkt das schon, zwischen den eher braven Nutzflächen rundherum, aber bitte, wir kommen aus der Stadt von Rudolph Mooshammer und Ludwig II., das verpflichtet.

Weniger flamboyant, aber umso ehrwürdiger: Unsere Sellerie mausern sich langsam zu halbwegs seriösen Vertretern ihrer Art. Sie werden zwar bestimmt nicht so kalbskopfgroß wie die Sellerieköpfe im Supermarkt, dafür wachsen sie auf dem weiten Feld einfach viel zu langsam, aber ein paar faustgroße Sellerie dürften es schon sein, in ein paar Wochen. Das freut mich besonders, weil klar: Hast du Sellerie, kommst du durch den Winter.

Was gibt es sonst noch? Petersilie und Zucchini ballern seit längerem aus vollen Rohren, daran herrscht nie Mangel, bei unseren nächsten Verwandten mittlerweile auch nicht mehr. Einer kraftstrotzenden Rotte von vier Zucchini der Hybridleistungsklasse Dingsda wird man nicht Herr, wenn Mang nur einmal pro Woche welche abschneiden kann. Anfangs ließen wir sie so lang wachsen wie unsere Unterarme, bevor sie in den guten Korb durften. Jetzt schneiden wir alles ab, was länger ist als der Zeigefinger des lieben Fräuleins, den wir uns für diesen Zweck bei einem örtlichen Wachsfigurenfabrikant dreimal nachmachen ließen. Zucchini sind ja wirklich nur als Jungtiere besonders zart und köstlich, die Dinger, die wir noch zu Beginn gegessen haben, wären uns jetzt schon viel zu derb und holzig. So schnell steigen die Ansprüche, wenn Überfluss herrscht. Trotz dieser rabiaten Schnittpolitik aber sind, wir können es nicht erklären, jede Woche wieder zwei bis drei Zucchinikolosse zu beklagen, die wir übersehen haben müssen und die jetzt nicht nur ungenießbar groß sind, sondern auch beinahe untragbar schwer. Weil wir nicht wissen, wie wir mit ihnen umgehen sollen, lassen wir die grünen Riesen einfach an Ort und Stelle liegen.

Der Bauer Hubert kommt mit dem Mähdrescher angefahren und mäht seinen letzten Weizen. So ein Mähdrescher, das ist ein Ding wie eine fahrende Stadt, wirklich einschüchternd, vor allem abends, wenn es die Positionslichter einschaltet. Weil er telefonieren muss, schaltet Herr Hubert den Mäher aus und vertritt sich ein bisschen die Beine, genau an dem Graben entlang, an dem unsere Zucchiniopas ihr Gnadenbrot kriegen.

»Oh mei, was deats denn mit dem Viahfudder?«, ruft er und stellt despektierlich einen Fuß auf den Zucchinifelsen, als würde er sagen wollen: »Sehen Sie, Herrschaften, dieser Zucchini wurde von mir besiegt.« Wir signalisieren dem Landmann unsere Ratlosigkeit in Sachen Zucchiniauswüchse. Bauer Hubert rät dann relativ unmissverständlich dazu, die Riesenzucchini nicht einfach weiterwachen zu lassen. Er habe Angst, dass die Erdkugel dadurch eine Unwucht bekomme und auf ihrer Umlaufbahn ins Schlingern gerät. Wir starren ihn an, das viele Ernten hat uns ein bisschen die Denkfugen verstopft, jedenfalls dauert es eine Weile, bis wir einsehen, dass wir gerade vom Bauern auf den Arm genommen werden.

So weit ist es schon gekommen: Besoffen vom einfachen Landglück, sind wir so harmlos wie die Jungfer im Grünen und haben unsere urbane Scharfkantigkeit, unsere schnodderige Schwabinger Schnauze und den allgemeinen Zynismus eingebüßt! Bauer Hubert lacht herzlich, dann schwingt er sich wieder in sein drei Meter hohes Cockpit im Weizenfeld, nicht ohne uns noch den wahren Grund für ein unbedingtes Abwürgen der Zucchini zu verraten: Sie nehmen den Nachkommen den Saft weg.

Eigentlich einleuchtend. Also stapeln wir die Torpedos neben der Kompoststelle zu einer Pyramide. Toll, so viel Biomasse. Toll und total sinnlos.

Kürbis und Kürbisartige

Haha, der Kürbis, dachte ich. Den kenne ich. Als Kind durfte ich nämlich mindestens zweimal einem sehenswerten Ereignis beiwohnen, bei dem mein Herr Papa auf dem Kompost unseres Ferienhauses einen Kürbiskern vergrub. Als wir zwei Schulferien später wieder dorthin kamen, lagen immer drei kugelrunde dicke Papakürbisse vor dem Komposthaufen und warteten darauf, von mir beklettert und mit mir fotografiert zu werden. Kürbisse sind einfach, das merkte ich mir. Deswegen taten wir auch recht lässig, als wir am Ende unserer Ackerfurchen jeweils einen großen Kürbiskern versenkten und uns auf unsere höchst private Kürbisschwemme freuten. Es keimte auch sehr kräftig, die ersten Blätter eines Kürbiskeimes sind ja schon so grundsolide und noch mal größer als die der nahen Verwandten Zucchini. Blatt um Blatt bildete sich, unaufhaltsam schoben sich die Kürbispflanzen über den Bifang, über die Wege und bis in die angrenzende Wiese hinein, immer länger wurden sie, aber Blüten blieben Mangelware. Am Ende hatte jede unserer drei Kürbispflanzen nur eine Frucht angesetzt, was ja reichen würde, wenn daraus dann jeweils wenigstens ein Prachtkürbis geworden wäre. Stattdessen kamen nur zwei höchst mittelmäßige Kürbisse, nicht größer als ein Fußball. Das war nicht schlimm, es wun-

derte mich nur. Klar, der Kürbis ist ein Superstarkzehrer, diese Riesenfrüchte müssen ja irgendwie entstehen. Der oberbayerische Ackerboden ist zwar fruchtbar, aber dann doch wohl nicht nährstoffreich genug, um eine Zucchini- und Kürbisplantage nebeneinander einfach so zu stemmen. Früher, auf dem Kompost meiner Erinnerungen, hatte er ja sozusagen Düngerdruckbetankung, gerade richtig für einen gesunden Kürbis. Nächstes Mal werden wir also, so schwer es auch fällt, beim Einsäen auf genau einen einzigen Samen setzen. Und dann noch ordentlich Hornspäne einarbeiten, die das ganze Jahr über den Tisch decken.

Auch den Platzbedarf der Kürbisse haben wir einfach unterschätzt, die räkeln sich schließlich locker fünf Meter lang und setzen jeden Meter ein Blatt von der Größe eines Speisetellers. Mit kleinen Schlingfesseln knoten sie sich zudem ziemlich wirkungsvoll am Boden fest. Des Öfteren mussten wir ihn von den Nachbarfeldern abholen wie ein trotziges Kind – also Abstand, sonst nimmt er anderen Nährstoffe, Licht und Platz weg.

Was die Verarbeitung angeht, so hat man eigentlich immer mehr Kürbis als Ideen. Wir sind dem Zucchini- und Kürbisfleischberg, der nach all den Suppen noch übrig war, mit einem Relish Herr geworden, das ziemlich einfach in größeren Mengen herzustellen ist. Einen Abend lang die Küche mit Essigsud eindampfen, dann hat man es hinter sich und ein apartes Geschenk für die nächsten zehn Monaten, aparter zumindest als die gängige selbstgemachte Marmelade. Es schmeckt sehr gut zu Grillfleisch, Fondue etc. und geht so: Kürbis und Zucchini ohne Schale mit der Reibe raspeln (oder modernen Hilfsmitteln!). In einem großen Topf einen Sud herstellen aus braunem Zucker, Apfelessig, zerdrücktem Piment, Pfefferkörnern, Senfkörnern, dann noch einige getrocknete Chilischoten zerschneiden und dazugeben, hübsch aufkochen und dann das geraspelte Fruchtfleisch dazu, eindicken lassen, mit drei Esslöffeln gutem Currypulver (nicht das, das schon seit zwei Jahren im Schrank steht) abschmecken und gegebenenfalls bis zum eigenen Schärfegrad nachwürzen. Noch mal kurz aufkochen und dabei immer rühren. Den ganzen Pampf dann in kochend ausgespülte Schraubgläser mit kochend gewaschenen Deckeln sauber bis ganz oben einfüllen, Ränder putzen, Deckel feste aufschrauben und dann das heiße Glas ein paar Minuten auf den Kopf stellen. Am nächsten Tag ab damit in den Vorratsschrank – das Relish wird tatsächlich immer besser, ausgewogener und milder, je länger es steht. Manche sagen übrigens auch Chutney dazu, die Grenzen sind da fließend.

Die Reste eines Küchenkürbisses sollte man nicht gleich wegwerfen. Ein paar der großen Samen kann man trocknen und für das nächste Jahr aufheben, wir haben sie einfach in einer kleinen Schale oben auf dem zehn Meter hohen Küchenschrank trocknen lassen und da natürlich friedlich und leise – vergessen.

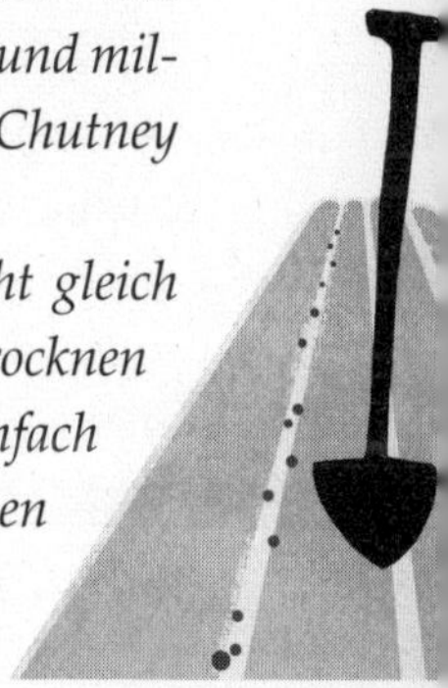

September

Das Problem ist: Wir kennen keine Kinder. Die könnten uns bestimmt sagen, wo wir ein bisschen Sand bekommen. Kinder hocken ja dauernd darin rum zwecks Spielens. Es wäre ein Leichtes für sie, uns in die Spielplatzszene einzuschleusen, wo das Zeug schnell und zum Tagespreis zu besorgen ist. Sand hat sich bei uns in den letzten Tagen zum Must-Have des Herbstes entwickelt, weil nur darin die Karotten überwintern können. Knapp zweihundert Stück müssen wir durchbringen, und zwar nicht gefroren (wie die Petersilie), nicht getrocknet (wie Kamille und Dill), sondern eben gesandet soll das klappen. Sagen die muffigen Gartenbücher und der muffige Großonkel vom lieben Fräulein, der sagt außerdem: »An Dreck derfst a drobn lassen, des konserviert!« Soso.

Es eilt nun ein wenig, weil die Karotten noch in der Erde sind und dort so viele Nährstoffe in sich reinschaufeln, dass sie uns reihenweise aufplatzen wie Weißwürste in kochendem Wasser. Das soll nicht sein, sie müssen in den Sand und dann in den Winterschlaf, deswegen taten sich das Fräulein und ich gestern Nacht bei einer nahe gelegenen Baustelle um. Wir sahen dabei aus wie Rentner, denn wir trugen sandfarbene Kleidung, um vor dem großen Sandhaufen, der dort aufgeschüttet war, nicht aufzufallen. Eben daran wollten wir uns gütlich tun, ich hatte zu diesem Zweck eine Plastikschaufel und eine Kiste unterm Toupet versteckt. Gerade als ich damit loslegen wollte, sagte das Fräulein: »Wenn da Teer drin ist?«

Ich zuckte zurück. Teer, woher hatte sie das jetzt?

Der Sandhaufen sah nicht übel aus, vielleicht nicht gerade Bioqualität, aber doch sandig und haufig, und er war der Einzige, den ich kannte. Andererseits: Wer weiß schon, welcher Sand für Bauarbeiten verwendet wird? Vielleicht billiger Sand aus Seuchengebieten, das Säckchen für'n Zehner? Vielleicht ist es der vollgepisste Sand von abgewrackten Kinderspielplätzen? Den skrupellosen Bauträgern ist alles zuzutrauen, die bauen ja auch apricotfarbene Reihenhäuser mit Säulen davor und zwar am verdammten laufenden Band. Der Gedanke, dass unsere ganzheitlichen Karotten den Winter in einem Seuchensand verbringen sollten, war natürlich unerträglich. Leer trugen wir die Kiste wieder heim und warteten traurig auf das Sandmännchen zwecks Konsultation.

Eines Morgens radle ich vor der Arbeit beim Baumarkt vorbei. Dort gibt es Sand, schönen asbestfreien Spielsand, mit schlimmen Kindern auf der Verpackung. Es gibt ihn in handlichen Beuteln zu fünfundzwanzig und fünfzig Kilo, fröhlich flanieren kann man mit so einem auf der Schulter nicht mehr. Der für Sand zuständige Baumarktmitarbeiter heißt Lützke und bietet an, das Zeug auch direkt zum zugehörigen Sandkasten liefern zu lassen, wenn es denn ein Tönnchen mehr sein dürfte als die fünfundzwanzig Kilo, die ich gerade probehalber geschultert habe. Ich zögere wie das liebe Fräulein vor einem Süßigkeitenautomaten. Mit fünfundzwanzig Kilo Spielsand in die Redaktion einzulaufen gehört bestimmt nicht zu den Dingen, die ein Gentleman mal gemacht haben muss. Lützke schaltet sich in meinen Denkkreis ein: »Für wie viele Kinder soll es denn sein? Und wie alt? Für ältere Kids haben wir jetzt auch atmungsaktiven Teflonsand.«

Ich erzähle ihm von unseren Karotten und warum wir sie in den Sand setzen wollen. Da schaut er aber, der Herr Lützke aus der Spielsandabteilung. Jedenfalls: Das hat er noch nie gehört. Haben sie nicht. Das da – er zeigt streng auf den Beutel mit den irrsinnig tobenden Kindern vorne drauf – wäre nur Spielsand für Kinder. Betonung auf »nur«. Ich verstehe und verlasse den Baumarkt wie ein moderner Staubsauger: beutellos.

In der Redaktion blinkt der Anrufbeantworter. Das liebe Fräulein ist darauf und berichtet von ihrer Schwester, welche sich zum Zwecke der Erholung an der Adria aufhält und bereit erklärt hat, Sand von dort mitzubringen. Das klingt nicht übel, das klingt nach Karotten mit mediterranem Gusto. So ähnlich wie bei Wein, der in alten Whiskyfässern lagert, lagern unsere Karotten dann in altem Strand und kriegen eine leicht salzige Note. Oder ist es doch eher eine leicht sonnenölige Note? Egal, ich jubele in den Hörer und sage nette Sachen über das Fräulein und seine erstklassige Verwandtschaft. Zumindest so lange, bis eine Technostimme sagt: »Sie haben keine weiteren Botschaften.« Ach, stimmt ja.

Zum Glück haben wir das Überwinterungsproblem nicht mit allzu vielen Spezies, denn wie man sieht, ist das nicht so einfach. Für Vorratsräume und kühle Kellergewölbe fehlt es der Wohnungsgesamtsituation in München eindeutig an Lässigkeit. Früher musste alles, was die Ernte hergab, für einen ganzen Winter reichen, da war das Wissen über das richtige Durchbringen fast noch wichtiger als richtiges Pflanzen und Ziehen. Äpfel und Kartoffeln werden in Kisten mit Luftzirkulation untergebracht, dürfen nicht aufeinander liegen, ja sich nicht mal berühren. Undenkbar in unserem Kellerabteil, das noch dazu viel zu warm ist, wie ja die ganzen Häuser heute viel zu warm sind, damit wir winters wie sommers im T-Shirt und barfuß durch unsere zugigen Altbauwohnungen rennen können. Alles, was nicht in der Kiste überwinterte, wurde früher sauer eingemacht oder getrocknet, was wieder eine hübsche Beschäftigungsmaßnahme ist.

Schon jetzt, zur Hochzeit unserer Feldernte, kommt uns die Nachbearbeitung des Ackerns wesentlich anstrengender vor als das Ackern selbst, was aber auch damit zu tun haben könnte, dass wir seit vier Wochen kein Unkraut mehr zupfen. Lohnt sich nicht mehr, in sieben Wochen wird sich die Pflugschar über unsere Unkräuter senken und dann ritzratz und scharbeutz! Heute also ist der Kofferraum wieder voller Feldfrucht, und wir haben eine Heidenarbeit vor uns, auch wenn der Karottensand noch in Italien am Meer liegt. Erst mal müssen die Blumen, die wir immer als Deckschicht über unsere Tonnen, Säcke und Körbe legen, aus dem Auto. Auf dem Küchentisch schneidet das Fräulein die Stiele in eine brauchbare Länge, zupft ab und arrangiert, mit der Zunge zwischen den Lippen und nicht ohne am Schluss »Heute krieg ich gar nix hin!« zu fluchen. Aber dann ist eben doch alles wunderbar, und wir füllen Vasen, alte Milchflaschen und Bottiche mit Wasser, um den Blumen ihr Schönheitsbad zu ermöglichen. Dann wird, wie es auf Einladungen immer so verlockend heißt, für das leibliche Wohl gesorgt. Allerdings nur für das leibliche Wohl irgendwann in der Zukunft. Die Karotten und wenigen Petersilienwurzeln sind voller Lehm. Das dekorative Grün ihrer Büschel haben wir schon am Feld gekappt, das würde die Kapazitäten hier gleich sprengen. Jetzt werden sie geschrubbt, jede einzeln, damit aus dem erdverschmierten länglichen Ding eine knallorangene Prachtmöhre wird. Das macht zwar Spaß, und kitzlig sind die Dinger auch nicht, aber es dauert, und die Küche wird dabei nicht gerade sauberer, alles tropft schmutzig, und die dringend benötigte Ablage oder drei Arbeitstische haben wir einfach nicht. Die gewaschenen Wurzeln kommen mit einem leichtbenetzten Küchenpapier, das den Feuchtigkeitshaushalt regulieren soll, in den Kühlschrank, idealerweise in das Gemüsefach – aber haben Sie da Platz für zwei Zentner Karotten? Eben. Deswegen freuen wir uns ja so auf den Sandkasten im Keller, denn die Kühlschrankkarotten sind da nur temporär stationiert, Zwischenlager quasi. Das Fräulein sortiert die Petersilienbündel, bei denen wir uns übrigens angewöhnt haben, sie auf dem Feld mit Gummibändern zu dicken Sträußen zu binden. Einer kommt zum schnellen Kocheinsatz unter der Woche neben den Herd, aber, herrje, der Rest!

Einzeln zupfen wir bei ihm Petersilblätter ab und beginnen mit der großen Hackarbeit. Mit Küchen- und Wiegemesser bearbeiten wir unser Lieblingsgekräut, bis es annähernd zerkleinert ist, und dann kommt das Häufchen auf den großen Haufen in der Tiefkühltruhe. Diesen Petersilienvorrat für den Winter anzulegen dauert ewig, das müssen wir nächstes Jahr irgendwie beschleunigen, aber momentan fällt uns nichts anderes ein.

Zucchini verarbeiten wir dann und alle zwei Wochen zu einem Relish, dessen süßsaure Essigschwaden noch Tage später durchs Haus wabern. Die Zwiebeln, deren

Schloten letzte Woche nun endlich vertrocknet auf den Bifang niedersanken und damit das Signal zur Mitnahme gaben, nimmt sich das Fräulein daraufhin zu einer Meditationsarbeit in ihr Zimmer mit. Wenn sie nach einer Stunde wieder erscheint, sind dreißig Zwiebeln zu einem Zopf gebunden, wie er schöner nicht am Messestand des Kräuterhexenverbandes baumeln könnte. Ich weiß nicht, wie sie das macht, ich bin zu diesem Zeitpunkt unserer Nachbearbeitung schon immer zu erschöpft, um ihr zuzuschauen. Denn das sind nur die großen Arbeitsgänge, dazwischen gilt es die halbgrünen Tomaten, den Thymian und die zwei Minigurken, den fragilen Schnittlauch und die noch fragileren Zucchiniblüten, die das Fräulein mit irgendwas füllen möchte, annähernd artgerecht zu versorgen und einen Kubikmeter Grünmüll, Schlamm und schmutzige Behältnisse zu jonglieren. Längst ist der kleine elegante Drahtkorb von Manufactum, den uns unsere Freunde vor langer Zeit schenkten, ausgemustert, zu klein, zu unpraktisch, wenn durch die Drahtlöcher alles ins Auto rieselt. Stattdessen sind wir bei der Lösung angekommen, die einst bei der Spinatschwemme nur eine Notlösung war: Müllsäcke. Das klingt so schrecklich unromantisch und ist es auch, aber für Romantik ist in der Erntephase kein Platz. Wir sind jetzt doch eher Bauern als Gärtner, und, ja, die Säcke sind praktisch, man kann einen ganzen Busch Bohnenkraut darin versenken oder eben auch mal fünfzig sperrige Karotten.

Unsere Feldarbeit besteht jetzt nur noch aus wuchten, freischneiden, abernten. Und am Ende der Nachbereitung in der Küche sind wir meistens so erschöpft, dass wir keinesfalls jetzt noch mal etwas kochen möchten – da müssten wir ja wieder irgendwas zerschnippeln. Also essen wir an diesen Abenden immer das, was die Menschen, die Zettel in unseren Briefkasten werfen, so rund um die Uhr ins Haus liefern. Das ist zwar das Gegenteil von hausgemachter Bioküche, aber überaus tröstlich.

Überflüssig zu sagen, dass es in diesen Tagen besonders knirscht, auch die Kühlschranktür und die Wiegemesser knirschen, die Fensterscheiben im Auto knirschen beim Runterfahren, und selbst auf der Tastatur an unseren Rechnern sind Krümel, die wir eindeutig als unser eigen Erd und Boden identifizieren. Es ist anstrengend, das kann man nicht anders sagen, und es gibt Momente in dieser Phase, in denen ich denke, dass alles fehlt. Wir bräuchten einen Pick-Up, einen Geräteschuppen, einen kühlen Keller, einen häuslichen Kompost- und einen Kinderhaufen. Den Kindern könnten wir die unaufhörlich vorhandene Rote Beete (wer hat die eigentlich eingepflanzt?) und Kohlrabi vorsetzen, und es würde ihnen vielleicht Spaß machen, danach in unserer Wohnung auf Fruchtfliegensafari zu gehen. Ich bräuchte außerdem dringend eine Bank vor der Haustür, auf der ich mich nach eingefahrener Ernte mit einem Pfeifchen niederlassen und einem Knecht zuwinken kann, der noch die halbe Nacht Karotten stifteln und Salat putzen muss.

Nicht nur die reine Arbeit und Nachbereitung sind mühsam, sondern auch das Entscheiden vor Ort: Nehmen wir jetzt alle Kartoffeln mit, oder sollen wir doch noch einige drin lassen? War's das jetzt wirklich mit den Tomaten? Es ist, als würden wir nach und nach eine Wohnung ausräumen, obwohl doch vieles noch ganz quicklebendig aussieht. Die Astern und Dahlien blühen schöner denn je, Fräuleins Essblumenmischung legt sich gegen jede Erwartung noch mal richtig ins Zeug, und die blöde Petersilie wächst schneller nach, als wir sie zerhacken können. Wenn wir daran denken, dass wir in einem Monat diese Sorgen nicht mehr haben, weil vielleicht schon die erste Frostnacht alles mit ihrem kalten Griff erwürgt hat, dann wird uns zwar flau, aber insgeheim stellen wir es uns auch ganz schön vor. Schließlich waren wir wirklich von den letzten sieben Wochenenden an sechs mindestens einmal kurz draußen am Feld und hinterher bis tief in die Nacht mit dem Verarbeiten beschäftigt.

Vor dem Ende aber steht noch unsere große Eintopfparty, der Lackmustest unseres Ackerexperiments, bei dem wir alle Freunde und Bekannte, die so großzügig über unsere schmutzigen Nägel hinweggesehen haben, ausschließlich mit Feldfrüchten bewirten wollen. Es sieht ganz gut aus, wir haben Kartoffeln und Karotten im Überfluss und natürlich Zwiebeln, zu denen ich später noch ein paar Worte sage. Dazu sind zwei der fünf Sellerie schon annähernd vorzeigbar, und letzte Petersilienwurzeln haben wir auch noch ausgegraben. Meine Frühlings-/Lauchzwiebeln hingegen muss ich leider als verlustig gegangen melden. Ihren ewigen Status als magersüchtige Schnittläuche haben sie zugunsten einer ominösen Unpässlichkeit aufgegeben. Jedenfalls lagen sie beim letzten Besuch einfach nur noch schlapp überm Bifang, leblos und welk. Vielleicht hat sich auch nur ein Hase draufgesetzt. Ein paar knackige junge Zucchini wollten wir auch noch in die Suppe geben, und von den Nachbarn, über deren Kohl-, Lauch- und Kartoffelplantagen wir am Anfang ein bisschen hochmütig gelästert haben, gab's zwei Stangen Lauch als Geschenk. Der riecht vielleicht gut, den wollen wir nächstes Jahr unbedingt auch haben. Majoran, Petersilie, Bohnenkraut und Thymian – an Würze dürfte es nicht mangeln. Die Einladungen sind verschickt, stilecht mit meinen erdschwarzen Fingerabdrücken darauf. Groß haben wir angekündigt, bei diesem Essen nur Naturalien vom Feld verwenden zu wollen, das war der Anspruch, außerdem haben wir noch extra dazu geschrieben, dass es sich nicht um eine Lagerfeuerveranstaltung handelt, sondern um eine ernstzunehmende Party, die nach allen Regeln der Stadt stattfindet. Wir wollen doch unbedingt alle von der glamourösen Erotik der Kleinlandwirtschaft überzeugen und keinesfalls Biostrickpullovervorurteile nähren. Wie die zahlreichen verunsicherten Nachfragen am Telefon verdeutlichen, sollte man aber nie irgendetwas mit Lagerfeuer auf eine Einladungskarte schreiben, die Menschen haben sofort die seltsamsten Wahnvorstellungen und wollen Fackeln und Schlafsäcke mitbringen. Immerhin, es sagen fast alle zu. Neugierig sind sie nämlich schon, die Städter.

Am Sonntag ist es so weit. »Erntedank-Eintopfessen« hat das liebe Fräulein auf die Kreidetafel in der Küche geschrieben. In einem Kraftakt wurde unsere ganze Wohnung mit Blumen ausgepolstert, so dass später jene Gäste, die im allgemeinen Drängen und Schieben zu Boden gehen, weich fallen und nach Dahlie duften werden. Ich stehe seit acht Uhr morgens in der Küche und zerstückele unser leibeigenes Grünzeug, die Gemächer durchzieht ein gar nicht allzu leichter Smog von angeschwitzten Schalotten und Sellerie. Fehlt noch die Hauptsache: die Kartoffeln und Karotten, die wir vor zwei Wochen in unseren Keller eingelagert hatten. Damals war wie angekündigt eine große Kiste voll feinstem Adriasand eingetroffen, der unsere Karotten, wie die alten Bücher es empfehlen, umhüllen und durch den Winter bringen soll. Wir stellten also eine der Falttonnen, die wir als Transportgerät benutzten, im Keller auf, füllten den Sand bis zum Rand ein, nicht ohne immer eine Schicht absichtlich erdiger Karotten dazwischenzupacken. Sand, Karotten, Sand, Karotten, Sand, Karotten, Sand. Sie war etwas seltsam, diese Arbeit, umgeben von den Kellerabteilen unserer Nachbarn, in denen alte Mountainbikes, Winterreifen und vor allem Sony-Kartons in allen Größen stumme Zeugen waren. Aber an seltsamem Verhalten störten wir uns längst nicht mehr, jetzt ging es darum, auch im Dezember noch Knackiges aus eigener Aufzucht zu haben. Die Kartoffeln verteilten wir in hölzernen Obstkisten auf einem Regal, fertig war unser kleiner Erntekeller.

Das ist vor fünfzehn Tagen gewesen, die Kartoffeln liegen schon seit Ende August im Regal, und wie ich jetzt summend in der Küchenschürze hinuntersteige, erwarte ich nichts als taufrische Ware. Schließlich, was sind die paar Tage schon gegen eine prognostizierte Akkulaufzeit von vier Monaten? Allerdings muss ich zugeben: Der Herrlichduft der Küche weicht bald einem schweren Kellermoder. Als ich in unseren Kellergang einbiege, ist der Moder schon eine veritable Fäulnis. Ich stürze an unser superluftig gebautes Kartoffelregal und sehe auf und fasse in: verfaulte Kartoffeln. Es riecht unsäglich. Eine ganze Steige war völlig hinüber, die andere zum Glück noch einigermaßen brauchbar. Die nächste Überraschung wartet am Sandfass, für das wir so viele Mühen und eine nicht unbeträchtliche Versandung der Kellertreppe auf uns genommen hatten.

Dem Fass geht es gut, ja, es erfreut sich jetzt einer üppigen Vegetation. Die Karotten sind nicht untätig gewesen, sondern haben im Sand gekeimt und wachsen zügig Richtung Kellerdecke. Das sind Tiefschläge, die dazu führen, dass das Fräulein und ich schon Schnaps trinken, bevor die ersten Gäste eintreffen. Aber ein bisschen Gin schadet natürlich keinem Eintopf, nicht wahr? Wie konnte es zu dem Desaster in unserer Lagerhaltung kommen?

Ganz einfach, der Keller ist viel zu warm. Das Thermometer, das ich leider erst nach unserem Waterloo aufhänge, zeigt konstante siebzehn Grad, da denkt das Gemüse nicht an Winterschlaf, sondern macht einfach weiter im Takt: treibt neu aus oder verfault. Immerhin können wir noch genug von beiden Zutaten retten, um zumindest die Einladung standesgemäß durchzustehen. Der Schock aus dem Keller sitzt tief, aber wir dürfen uns jetzt erst mal nichts anmerken lassen.

Haben Sie übrigens schon mal für fünfundzwanzig Leute Eintopf gekocht? Es ist, als müsste man in seiner Küche den Pilsensee umrühren! Vom Vater des lieben Fräuleins haben wir einen THW-Topf ausgeliehen, aus dem sonst im Katastrophenfall ganze Landstriche verköstigt werden. Er passt genau auf alle vier Platten unseres Herdes und ich stelle mich zwecks besserer Übersicht zum Kochen auf einen Stuhl.

Ist das ein Hallo, als die Gäste kommen. Und alle haben sie Blumen vom Supermarkt mitgebracht, die das liebe Fräulein mit süßsaurer Miene im Putzschrank verschwinden lässt. Ich verteile von meinem Kochstuhl aus kleine Kostproben und erzähle nonstop Ackerschwänke wie ein Jahrmarktschreier, dramatisch untermalt von dem großen, tropfenden Holzlöffel, der eigentlich das Paddel eines befreundeten Indianerkanus ist. Die Stimmung ist gut, der kleine schiefe Balkon, der für unsere Entscheidung, einen Acker zu wollen, ja eine tragende (zum Glück nicht statisch gesehen) Rolle spielte, trägt tapfer die Bierkästen. Schließlich stellen sich die Gäste, Suppenteller voraus, in eine lange Schlange, deren Ausläufer bis in unser Badezimmer reichen, und ich schwappe den Ackereintopf in die Teller. Bis auf den Gin sind wirklich nur Ackerprodukte darin, und wer eine Wurst mag, muss sie extra aus einem kleinen Topf dazustückeln, denn wir wollen den ureigenen Seefelder Terroirgeschmack keinesfalls vorab durch Wurstwasser besudeln.

Was soll ich sagen: Die Wände hallen wider vom Lob und Preis der Gäste. Nur irgendjemand in der zweiten Reihe bemängelt das Fehlen von Speckstreifen.

»Hoho«, mache ich, »wir haben halt leider noch kein Schwein!«

Das war ein Fehler, denn sofort steckt die Clique unserer Eltern die Köpfe zusammen. Aus dem anhebenden Getuschel hörte ich die Worte »Weihnachten«, »Ferkel mit Schmuckschleife drumherum« und »perfektes Geschenk« deutlich heraus.

Oktober

Ich habe gerade mal in meinem Kopf nachgeschaut und gemerkt: Auf dem Acker habe ich sehr viel dazugelernt. Wenn wir nächstes Jahr wieder ein Feld haben, werden wir also ein paar Dinge beachten, die wir vorher nicht wussten. Damit wir die nicht vergessen, führt das liebe Fräulein eine Liste der goldenen Ackerregeln, die an dieser Stelle und vier Wochen, bevor der Vorhang fällt, schon recht aussagekräftig ist:

- Kein Borretsch mehr. Bei dem Zeug steht der Nutzen (lasche Blätter im Salat) in keinem Verhältnis zur Ausbreitung der dicken, stachligen Pflanze. Außerdem bräuchten wir für den artgerechten Transport einen feuchten Kühlwagen, so empfindlich ist geschnittener Borretsch.

- Feuchten Kühlwagen besorgen oder leasen!

- Dieses englische Hippieselbstversorgerbuch einheizen und in dem Feuerchen ein paar Runkelrüben rösten. Die Kapitel reichen zwar von »Wie du deinem Zugochsen das Kartenspiel beibringst«

bis »Wie du Rettichwein kelterst«, sind aber für moderne Ackerpächter völlig ungeeignet.

- Nur Gemüse anbauen, das wir in unserem Leben schon mal gesehen haben, das wir gerne mögen und das mindestens eine Woche im Gemüsefach des Kühlschranks übersteht. Also: keine Kohlrabi mehr, keine Rote Beete und höchstens einen halben Meter Spinat.

- Rote Beete nicht auf farbempfindlichem Untergrund (z. B. helle Autositze) liegen lassen. Auch nicht ganz kurz.

- Mehr Zucchinirezepte besorgen!

- Unbedingt: mehr Sellerie, mehr Erbsen und vielleicht ein bisschen Wirsing anpflanzen.

- Auch so eine Zweimetersonnenblume wie die Nachbarn heranziehen. Wir hatten aus Rücksicht nur die 50–100-Zentimeterversion genommen und bekommen jetzt deswegen beschämende Spam-Mails mit der Betreffzeile: »Want a larger Sunflower??? Make your liebes Fräulein happier? This WILL help you!!!!«

- Daheim den Staubsauger gegen einen Hochdruckreiniger tauschen und alles mit Stroh ausstreuen. Außerdem Kühl- und Lagerraum anbauen und einen Verschlag für Kaninchen, damit wir die Gemüseabfälle besser entsorgen können. Gab neulich Ärger, weil die Tonne bis zum Rand mit unserem Karottengrün voll war.

Bei der Karottenernte nicht immer »Ich hab den Allerlängsten!« brüllen.

Mehr Gurken, weniger von der italienischen Wunderblumenmischung, die bis zur heiligen Kommunion fertig sein soll, angeblich.

Die gepflückten Kamillenblüten vom Feldrand nach dem Trocknen nicht in ein Glas mit Schraubverschluss schütten – Schimmeltee hat bestimmt keine magenberuhigende Wirkung.

Das gejätete Unkraut nicht direkt hinter sich werfen, da wächst es nämlich sofort wieder an. Stattdessen: über den kleinen Bach pfeffern, Unkraut kann nämlich nicht schwimmen.

Auch mal was nachsäen, wenn irgendwo Lücken auftauchen. Das ist nicht ehrenrührig.

Unbedingt noch öfter das ominöse Gartentelefon anrufen und mit Frau Haindl nicht nur Ackerfragen, sondern auch alle anderen Probleme des täglichen Lebens abklären. Und unbedingt auch mal fragen: »Wo habe ich gestern meine kleine Schaufel hingelegt, hä?«

- Dem lieben Fräulein einen Overall schenken.

- Wenn der Mohn blüht, gleich ein Zelt mitnehmen und daneben campieren, die Freude währt nämlich nur etwa achtzehn Stunden.

- Samen, die aus Versehen zwischen die Ackerreihen fallen, sofort aufheben – wir kamen streckenweise vor lauter wildgewachsener Kapuzinerkresse und Petersilie gar nicht mehr durch.

- Den Tomaten einen kleinen Pavillon bauen, mit fließend warmem Wasser und 24-Stunden-Pflegeservice.

- Die Schilder für die Pflanzen mit kleinen Betonblöcken in der Erde versenken – ist nämlich auch eine gute Beschäftigung für die langen Winterabende: kleine Betonblöcke gießen.

- Den Kürbis nicht auf die Bundesstraße wuchern lassen.

…

Die Liste geht noch ziemlich lange so weiter, das liebe Fräulein hat mit Tesafilm immer wieder eine Seite angehängt. Ich könnte das gar nicht, weil ich sofort, wenn ich ein Stück Tesafilm abreiße, meine Finger damit verklebe und der Streifen selbst sich verwurstelt. Aber das Fräulein kann das. Zum Glück.

Es ist also nur noch eine Handvoll Wochen, bis die Ackersaison vorbei ist. Ende Oktober, so heißt es, wird Bauer Ludwig mit seinem Traktor kommen und das ganze Feld umpflügen. Das stand so im Pachtvertrag, das war klar. Aber wer jetzt schon das liebe Fräulein und mich an eine Dahlie gekettet dagegen protestieren sieht – der hat eine sehr realitätsnahe Phantasie. Die Sache ist nämlich die: Unser Ackerstreifen hat das mit dem Herbst nicht kapiert. Er hört nicht auf zu gedeihen. Als ob der ewige Kreislauf von Blühen und Vergehen hängengeblieben wäre, wie die CD bei einer Schüleraufführung. Unsere Astern sind erst vor einer Woche noch mal so richtig aufgeknospt, die Malvenwälder wachsen wie ein Genkind jede Woche immer noch um fünf Zentimeter in die Höhe, die magersüchtige Gurke, die wir eigentlich längst aufgegeben hatten, hat erst vorgestern in einer Pressemitteilung angekündigt, die Produktion demnächst massiv anzukurbeln, und der Kürbis blüht immer noch seelenruhig vor sich hin. Was wir sagen wollen: Das ist alles noch nicht fertig, der Traktor darf noch nicht kommen. Das Wetter fühlt sich auch so an, als hätte es von einer Winterpause noch nie etwas gehört, Anfang Oktober ist alles noch im T-Shirt unterwegs. Und vom Feldsalat habe ich auch noch gar nichts erzählt.

Normaler Salat wächst ja gemeinhin schnell, nach vier bis sechs Wochen ist er zur Fußballgröße herangereift. Weil uns Kopfsalat und der langweilige »Amerikanischer Brauner«-Blattsalat auf die Nerven gingen, hatten wir Anfang Juli noch mal großzügig Feldsalat gesät, über dessen Charakter als Wintersalat wir zwar Bescheid wussten, gleichzeitig dachten: Tricky-Trick, wir säen den schon jetzt und machen dann bereits im September das All-You-Can-Eat-Feldsalatbüfett. Er war auch ganz brav nach zwei Wochen aufgegangen, und alles schien gut. Heute aber muss man bei kritischer Betrachtung unserer Feldsalatabschnitte feststellen, dass der Wintersalat offenbar tatsächlich vorhat, erst im Winter fertig zu werden. Sein wöchentlicher Fortschritt ist nur mit homöopathischen Mengen zu beziffern. Beim Gedanken, dass der Pflug des Bauern Hubert durch Teenagergruppen von Feldsalat schrammen soll, wird mir flau um die sogenannten Buletten.

Auf den Nachbarparzellen ist alles so, wie es sein soll: Müde Sonnenblumen stehen noch rum, getrocknetes Kartoffellaub und leuchtende Hokkaidokürbisse liegen am Boden, sonst ist da nicht mehr viel. Alles schön herbstlich. Dazwischen sieht unser Abschnitt aus wie die größenwahnsinnig bewässerte Oase eines Scheichs in der Wüste. Ohne Kürbisse, ohne getrocknetes Laub, aber mit wildsprießendem, frischgrünem Durcheinander. Irgendwie peinlich, fast so, als wäre man der Einzige, der nicht bemerkt hat, dass die Party vorbei ist, und immer noch tanzt.

Das mit unserem Kürbis ist auch noch mal doppelt komisch. Wer je einen Kürbis zu Besuch hatte, weiß: Der macht sich ganz schön breit. Deswegen hatten wir auch nur ganz wenige Kürbiskerne eingepflanzt, aus denen letztlich nur eine große Kürbispflanze wucherte. Schon im Juli gingen die mächtigen Blüten auf, und darunter saßen die kleinen Kürbisse, groß wie ein Minigolfball.

»Nett«, sagte das liebe Fräulein, »da kriegt dann im Herbst jeder einen Kürbis von uns geschenkt.«

Sorglos vergingen die Wochen, die Kürbispflanze erwürgte lautlos die Tomaten und die wimmernden Gurken, machte einen Einfall in das benachbarte Gerstenfeld und arbeitete – an genau einem großen Kürbis. Der lag in der Mitte und wurde fett. Unser Riesenkürbis, lachten wir und zeigten gelegentlich darauf. Ende August, als die ersten Kürbishaufen an den Straßenkreuzungen lagen, begannen die Sorgen. Der Riesenkürbis lag wie ein dicker König im Weg, aber seine Untertanen waren alle noch Minigolfbälle. Er wuchs, der Rest stagnierte.

Eine Woche später setzte ich, den Dolch im Gewande, den tyrannischen König ab. Schließlich wollten wir keine

Plakette auf der Landesgartenschau, sondern viele Kürbisse, die das Fräulein nett finden und verschenken konnte. Mit viel Mühe wuchtete ich den Riesenkürbis in den Kofferraum. Wir betrachteten ihn. Er war keine Schönheit: nicht rund, sondern hatte lauter ungleich dicke Backen, wie ein schlechter Bodybuilder, und – er war grün. Alle Welt hatte orangene Kürbisse und konnte herrlich langweilige Suppen und mittelmäßige Herbstdeko damit machen. Nur wir hatten einen grünen Muskelprotz, den ich unmöglich in den dritten Stock tragen konnte. Wir luden ihn bei den Eltern des lieben Fräuleins ab und bestimmten ihn mittels Bestimmungsbuch als kapitalen Muskatkürbis von 14,8 Kilo Lebendgewicht. Danach spielten wir Verstecken. Und der Riesenkürbis steht seitdem im Garten und bewacht die Tür. Im nächsten Jahr pflanzen wir gleich nur noch Zierkürbisse, so gewissermaßen als Trotzreaktion.

Wo wir gerade bei den wüsten Drohungen sind: Wir werden auch nur noch Schalotten pflanzen. Sie unterscheiden sich von den dickbraunen Speisezwiebeln nicht nur durch einen besseren Namen, sondern sind ihnen in allen Zwiebelbelangen überlegen. Wolfram Siebeck, der alte Kauboy, sagt ja zur deutschen Zwiebel auch Stinkezwiebel. Das finde ich sehr gut, denn die Speisezwiebeln, die das Fräulein und ich vor ein paar Wochen ernteten, stinken auch schon, und das, obwohl sie noch nicht mal im Topf waren, sondern nur in der Kiste liegen zum Trocknen, was bei den Zwiebeln zur Abreifung dazugehört. Da gehen wir täglich vorbei und beschimpfen sie. Weil sie Fruchtfliegen anziehen und weil sie viel zu groß gewachsen sind. Eine solche Stinkezwiebel wiegt fast 600 Gramm, es essen zwei mittlere Menschen eine Woche daran herum, sehr unpraktisch. Und schon der Ernte mangelt es, wie bereits beschrieben, an Spannung: Eine deutsche Steckzwiebel ergibt nämlich genau eine deutsche Großzwiebel, da ist für Überraschung wenig Platz.

Ganz anders die Schalotten: Eine einzige Steckschalotte wächst zu einem ganzen Haufen richtiger Schalotten, die dann etwa golfballgroß sind und überhaupt kein bisschen stinken. Das liebe Fräulein hat sie zu einem Extrazopf gebunden, der sich nun bei uns malerisch um die Küchenheizung rankt – sieht fast so elegant aus wie die Frisur von Julia Timoschenko!

»Ein Zwiebelzopf über der Küchenheizung?«, fragen jetzt zwanzig zweifelnde Zimbelspieler und legen damit den Finger in die Wunde, beziehungsweise in die Ackerfurche. Aber das ist uns egal. Angesichts der Stinkezwiebeln sind die Euphorie und die Improvisation endgültig in den Urlaub gefahren. Sie wollen erst wiederkommen, wenn Fruchtfliegen und Holzkisten aus der Küche verschwunden sind. Gut, dass nächste Woche Ackerschluss ist.

Das Wetter

Übers Wetter, das wurde vielleicht deutlich, redet man oft, wenn man sein Herz an den Freilandanbau verschenkt hat. Vermutlich zu oft. Wir legten dabei eine notgedrungene Gelassenheit an den Tag, weil wir nicht jedes Mal zum Feld fahren konnten, wenn es zu trocken oder zu nass war. Wir rangen zwar die Hände, wenn die Hagelwolken im Westen aufzogen, das schon – aber eben nur aus der Ferne. Wären wir das ganze Jahr vor Ort, hektischer Aktionismus wäre die Folge gewesen. Allein für das Zu- und Abdecken von Tomaten bräuchte man schon einen Vollzeitbeschäftigten, deswegen haben wir auf die weitgehend verzichtet. Einen Teil des frisch aufgegangenen Rittersporns hat eine ungünstige, zehn Tage währende Dürre dahingerafft, er ist am Stiel vertrocknet. Aber das und die Gurken waren auch die einzigen Verluste an die Trockenheit, diese Jungpflänzchen sind wie die Babyschildkröten, die aufs Meer zurennen – in dieser Zeit, frisch aus der Erde, sind sie am empfindlichsten und stehen allen Gefahren hilflos gegenüber. Das sind aber nur ein paar Tage. Waren mal die zweiten und dritten Blättchen da, ist der Stiel dicker als ein Zahnstocher, dann wurschtelten sich alle unsere Pflanzen erstaunlich stoisch durch die Unbilden der oberbayerischen Sommer.

Drei vom amtlichen Wetterdienst geprüfte Unwetter zogen ebenso über sie hinweg wie wochenlang einseitiges Klima, ungewöhnliche Hitze und Nässe. Wenn wir da jedes Mal vor Furcht ausgeflippt wären, hätte unser Apotheker jetzt mehr zu tun. Hat er aber nicht. Sich übers Wetter aufzuregen ist unter Gärtnern zwar beliebt, aber sinnlos. Wein- und andere Bauern, bei denen die Arbeit eines ganzen Jahres auf dem Spiel steht, nehme ich da gerne aus. Aber ein Garten, in dem alles zu unterschiedlichen Zeiten reif wird und der die unterschiedlichsten Wettervorlieben auf ein paar Metern vereint, der wird immer irgendwas zustande bringen und immer auch einen Kandidaten dabei haben, der mit dem Wetter besonders gut klarkommt. Richtig gemein ist eine frühe Frostnacht, vielleicht Anfang Oktober. Wo gerade noch alles spätgolden und reich blühte, wo die Zucchini unentwegt nachlegten, wartet am nächsten Tag nur noch eine verfallene, erfrorene Tristesse. Aber klar, Lauch und Karotten überstehen das auch, manches schmeckt nach ein bisschen Kälte sogar noch besser. Es gibt also kein richtig schlechtes Wetter für ein Feld, es gibt höchstens zu hohe Erwartungen des Gärtners.

Der letzte Tag, wie immer, fühlt sich nicht an wie der letzte Tag. Es ist der 29. Oktober, und wir haben noch mal die großen Geräte dabei, die wir in den letzten Wochen gar nicht mehr gebraucht haben. Zunächst graben wir die Dahlienknollen aus, denn die kann man überwintern, auch in warmen Kellern. Dann kommen die

Thymianbüschchen, die es als einzige Feldbewohner geschafft haben, einen richtigen kleinen verholzten Stamm auszubilden, als würden sie seit zwanzig Jahren auf einem Felsvorsprung auf Korfu wachsen. Die kommen in Töpfe auf dem Balkon. Die letzten grünen Tomaten nehmen wir mit der klassischen Grünetomatenhoffnung auch noch mit: »Die reifen schon noch nach, oder?« Machen sie ja eigentlich nicht richtig, zumindest nicht geschmacklich, aber hängen lassen wollen wir sie auch nicht. Die Zucchiniproduktion hat quasi über Nacht aufgehört, als wäre irgendwo eine Sicherung durchgebrannt, die riesigen Blätter liegen wie tote Rochen auf dem Grund. Die letzten Sonnenblumen lassen wir stehen für die Vögel, die paar Karotten, die noch in der Erde sind (und immer noch weiterwachsen!), bekommen die Feldmäuse. Die Blumen sind zu wirklich problematischen Büschen angewachsen, Kornblumenhecke und Malvendickicht müssen wir gewaltsam lichten, so will es die Vorschrift. Die treue Petersilie, die unablässig nachwuchs, wo immer wir die Sense ansetzten, jetzt erst beginnt sie auszutreiben, und tatsächlich so etwas wie Samenstände klettern hervor – interessant. Die Samen von Ringelblumen und Kapuzinerkresse nehmen wir in einem kleinen Tütchen mit. Am Schluss, der Himmel über dem Feld ist so hoch und weit, wie er nur im Spätherbst nahe der Alpen hoch und weit sein kann, setzen wir uns noch mal an die Rasenkante. Von der Ferne grüßen die Sonnenblumen, sie sind ganz wittelsbachergelb gegen den blauen Himmel. Ein kalter Wind kommt vom Ammersee, die roten Ahornblätter fegen über unsere lieben vier mal fünfundzwanzig Meter. Für übermorgen wurde Bodenfrost angesagt. Das war's also, das Pflanzenjahr ist aus.

»Ich hab was im Auge«, sagt das Fräulein.

Ich auch, denke ich.

Nachwort

Während dieses kleine Buch geschrieben und produziert wurde, sind zwei weitere Jahre ins Land gegangen und zwar wörtlich, ins Ackerland. Wir haben natürlich weitergemacht mit unserem Erdstreifen, weil wir uns einfach nicht vorstellen konnten, nichts mehr ernten zu dürfen. Jetzt sind wir beinahe alte Hasen und werden von den vielen Neugärtnern, die jedes Jahr dazustoßen, sogar manchmal um Rat gefragt. Trotzdem kommen mir die Erlebnisse des ersten Jahres, die ich hier festgehalten habe, keineswegs dilettantisch vor. Verglichen mit dem folgenden Jahr, waren unsere Erträge wirklich gut, und auch was das Unkraut angeht, hatten wir mehr Glück als bei den nächsten Versuchen. Es war also ein Experiment, das außerordentlich günstig verlief, und so muss es sein, wenn etwas zu einer dauernden Gewohnheit werden soll. Dafür wurde das Anfängerglück nämlich erfunden.

Manches hat die Routine in den letzten Jahren im Garten ein wenig einfacher werden lassen. Wir zupfen zum Beispiel ab Anfang August kein Unkraut mehr, weil wir wissen, dass es nichts mehr kaputtmachen kann. Wir sind gelassener geworden, was die natürlichen Rückschläge angeht, wir schielen nicht mehr so sehr ins Nachbarfeld, wenn bei uns mal wieder nichts gerade in den Himmel wachsen möchte. Die Vielfalt der Samentütchen, die uns das erste Jahr verwirrte und zu manchem Unsinn anstiftete, haben wir ausgedünnt und sind zu einem relativ erwachsenen Gemüseprogramm aus zuverlässigen (Karotten, Zucchini, Kartoffeln, Schalotten, Erbsen, Petersilie, Thymian und Dill) Kandidaten übergegangen, die wir jedes Jahr nur noch um zwei bis drei kleine Experimente ergänzen. Das Fräulein hat seine Blumen nach ihrer Vasentauglichkeit sortiert und sich bemüht, nichts zu pflanzen, was ab Juli in großen Büschen im Weg liegt. Dieses Jahr blühen Ringelblumen, Dahlien, Malven, Zinnien, Kornblumen und Astern.

Für uns und unsere Freunde in der Stadt ist der Acker mittlerweile so normal geworden, dass wir kaum mehr darüber reden. Nur manchmal, wenn wir mit erdschwarzen Knien zum Grillfest kommen und die Gastgeber die Stirn runzeln, müssen wir noch mal sagen: »Wir kommen doch vom Acker!« Dann schlagen sich alle mit der flachen Hand auf die Stirn und sagen: »Ach ja, ihr und euer Acker.«

Nicht geändert hat sich die Neugier, die uns jedes Mal schon zwei Kilometer vorher erfasst und die uns immer gleich ins Feld stürmen lässt, nicht geändert haben sich die Freude über alles, was in unseren Korb wandern darf, und der Stolz, mit dem man das fertige Ding gegen den Himmel halten muss.

Der Acker hat eine Konstante in unser Leben gebracht, klein und unwichtig genug, dass sie nichts anderes überschattet, aber gleichzeitig trotzdem so groß und wichtig, dass wir uns ein Leben ohne Feld nicht vorstellen mögen. Den ersten Sonnenbrand des Jahres holen wir uns dort und die ersten Frostbeulen, er liefert uns zuverlässig das in die Stadt, was dort gerne vergessen wird: gesunde Farbe und gesunden Schmutz. Er sorgt dafür, dass wir die Jahreszeiten nicht vergessen und nicht, wie es sich anfühlt, richtig lehmverkrustete Hände zu haben. Wie jeder Garten ist unser Feld kein Jahr gleich, ständig passieren neue und unerklärliche Dinge, hinter jedem Salatblatt wartet eine Überraschung. Es ist nicht nur deswegen spannend, sondern auch, weil man dabei insgesamt nur eine endliche Zahl von Versuchen hat. Nicht wie bei einem Computerspiel, bei dem man jederzeit von vorne anfangen kann, nein, ein Gärtner oder Bauer hat jedes Jahr nur eine Chance, bei dem Spiel mitzumachen. Wenn der Mangold dieses Mal nichts wird, dann muss ich es nächstes Jahr neu versuchen. Wie viele Mangoldversuche bleiben mir insgesamt noch? Fünfunddreißig oder noch ein paar Sommer mehr? Dieses Stückchen Erde erdet also auch ein bisschen unsere Geworfenheit ins Leben, es ordnet nicht nur die Jahreszeiten, sondern auch die große ganze Zeit und stiftet ihr ein bisschen Sinn. Auch wenn der nur darin bestehen mag, einen besonders schönen Mangold zu haben. Das ist viel mehr als nichts.

Wie so vieles im Leben, scheint mir aber, dass auch

das wonnigste Werkeln im Garten nur halb so toll wäre, wenn man niemanden hat, dem man davon erzählen kann und mit dem man sich gemeinsam darum sorgt, freut, streitet. Ohne das Fräulein, das hinter den Malven kniet und auch dann noch applaudiert, wenn ich ihr die vierunddreißigste Karotte unter die Nase halte, wäre das alles einfach nur Arbeit und die Ernte nur Ernte. So aber ist es ein Abenteuer. Ein Abenteuer, das wir eingehen, weil wir wissen: Auch wenn es mal schlecht ist, ist es immer noch ziemlich gut.

Danke an die Regionalinitiative »Unser Land«

Inhalt